WUNDERLICH

Wunderliche Weihnachtsgeschichten am Kamin

Gesammelt von Ursula Richter

Wunderlich Taschenbuch

Originalausgabe
Veröffentlicht im Rowohlt Taschenbuch Verlag GmbH,
Reinbek bei Hamburg, November 2000

Umschlaggestaltung Barbara Hanke
(Foto: B. P. / Bavaria)
Satz Bembo Postscript (PageOne)
Gesamtherstellung Clausen & Bosse, Leck
Printed in Germany
ISBN 3 499 26282 7

Inhalt

Michael Walter

Der Engelstreich oder Weihnachten ohne H

Jedes Jahr in der Advents- und Weihnachtszeit, wenn im Himmel neue Weihnachtsengel eintreffen, hat der Weihnachtsmann die zusätzliche Aufgabe, die Neuankömmlinge in der Weihnachtsschule zu unterrichten, damit aus ihnen richtige Weihnachtsengel werden. Zu den Unterrichtsfächern gehört auch die Rechtschreibung. Als sie noch Menschen waren, konnten die Engel zwar schon schreiben. Es ist aber etwas anderes, wenn man keinen materiellen Körper mehr hat. Sie mussten also neu lernen, wie man mit einem Astralleib genau dieselben Dinge vollbringen kann, die man als Mensch schon konnte.

In diesem Jahr hatte der Weihnachtsmann ein ganz besonderes Problem. Das erfuhr er aber erst, als ein großer Botenengel mit einer Nachricht in das Schulzimmer kam.

«Lieber Weihnachtsmann, liebe Neuankömmlinge!», sagte er. «Große Veränderungen werfen ihre Schatten voraus. Und nun müssen sogar wir im Himmel uns völlig umstellen.»

«Worauf?», fragte der Weihnachtsmann besorgt.

«Auf die neue Rechtschreibung.»

«Was wird uns diese Veränderung bringen?»

«Es geht das Gerücht», sagte der Botenengel, «dass ab dem nächsten Weihnachtsfest das H aus dem Wort Weihnachten wegfallen soll.»

«Was!? Könntest du das bitte noch einmal wiederholen?»

«Weihnachten wird demnächst ohne H geschrieben.»

Der Weihnachtsmann war außer sich. «Wenn das jemals

rechtskräftig werden sollte, quittiere ich meinen Dienst. Das ist ja wohl das Letzte», polterte er. «Wenn Weihnachten das H fehlt, dann ... ja dann ist die ganze Weihe hin, der Zauber, dieser gewisse Hauch, der erst durch das H entsteht, alles dahin. Weg.»

«Bei dem Problem kann ich dir leider nicht helfen», sagte der Botenengel. «Meine Aufgabe war es nur, dir die Nachricht zu überbringen und dich zu bitten, die Veränderung schon mal mit in deinen Unterrichtsplan aufzunehmen.» Mit diesen Worten verschwand der Botenengel.

«Weihnachten ohne H», murmelte der Weihnachtsmann, als er wieder mit seinen Schülern allein war. «Da mache ich nicht mit.»

«Geht uns die neue Rechtschreibung im Himmel überhaupt etwas an?», fragte ein vorlauter Engel.

«Und ob uns das etwas angeht», sagte der Weihnachtsmann. «Wenn wir beim Beschriften der Päckchenanhänger und Namensschildchen auf den Geschenken auch weiterhin unerkannt bleiben wollen, müssen wir uns notgedrungen umstellen. Für heute entlasse ich euch aus dem Unterricht. Ich muss erst mal über das Problem nachdenken. Morgen sehen wir weiter.»

Und mit diesen Worten wandte sich der Weihnachtsmann traurig ab und ließ Hunderte verdutzter Weihnachtsengelanwärter zurück.

«Irgendwie müssen wir dem Weihnachtsmann helfen», sagten die Engel zu sich. Sie saßen noch lange zusammen in der Himmelsschule, und jeder versuchte eine Lösung für das Problem zu finden. Schließlich hatte einer eine Idee. «Wisst ihr was?», fragte er. «Wir fliegen einfach zur Erde hinunter und ...»

Am nächsten Morgen präsentierten die Weihnachtsengelschüler dem Weihnachtsmann ein riesiges Paket.

Neugierig und nichts Schlimmes ahnend, öffnete der Weihnachtsmann das Paket. Seine Schüler platzten fast vor Aufregung. Was er wohl sagen würde? Sicher würde er sehr stolz auf sie sein.

Da! Jetzt hatte der Weihnachtsmann den Deckel abgehoben. Er beugte sich hinunter, zerteilte die Holzwolle, die als Verpackungsmaterial diente, und – erstarrte.

«Was – um – Himmels willen – ist das?», fragte er gedehnt.

«Das sind alle neuen noch nicht veröffentlichten Rechtschreibwörterbücher, die wir auf der Erde finden konnten», strahlten die Engel. «Jetzt bleibt dem Weihnachtsfest das H erhalten.»

Langsam richtete sich der Weihnachtsmann wieder auf. Er atmete erst mal tief durch, bevor er langsam, aber dröhnend sprach: «Das – ist – ja – wohl – das Letzte! Meine Engel klauen. Wenn das noch ein einziges Mal passiert. Wenn ich euch nur noch einmal beim Klauen erwische. – Dann seid ihr die längste Zeit Weihnachtsengel gewesen. Weihnachtsengel sind keine Diebe, sondern Bringer. Sie bringen den Menschen etwas. Wir können nicht so drastisch und so offensichtlich in die Geschehnisse auf der Erde eingreifen. Dazu sind wir nicht befugt. Ich als Weihnachtsmann nicht und ihr als Weihnachtsengelschüler erst recht nicht.»

«Wir wollten dir doch nur helfen», jammerten die Engel, und dicke Tränen rollten ihnen über ihre Wangen. «Du hast selbst gesagt, dass du deinen Dienst quittierst, wenn Weihnachten das H wegfällt. Und außerdem finden wir Weihnachten ohne H genauso schlimm wie du.»

«Aber das», und dabei zeigte er auf das Paket, «ist auch keine Lösung.»

Der Weihnachtsmann hatte sich wieder etwas beruhigt. Er legte eine kurze Pause des Nachdenkens ein, bevor er sprach: «Engel, ihr wisst, was ich jetzt von euch erwarte – nicht wahr?»

Die Engel nickten.

«Ihr werdet sofort zur Erde zurückfliegen und den Menschen die Bücher zurückbringen. Das heißt – es hat auch Zeit. Lasst mal das Paket hier bis morgen stehen.»

Am Abend, als der Weihnachtsmann allein war, ging er nochmal zurück zu dem Paket. Nachdenklich blickte er auf den Duden und all die anderen Lexika.

«Wenn das wirklich alle noch nicht veröffentlichten neuen Rechtschreibbücher von der Erde sind», dachte er bei sich, «wird kein Mensch bemerken, dass etwas fehlt. Ja, vielleicht werden sie denken, sie hätten noch gar keine Duden gedruckt. Zumindest würde das die Reform verzögern. Und wenn nun heute Nacht zufällig ein Feuer … Nein, daran darf ich nicht denken. Ich würde mich strafbar machen – oder …?»

Am nächsten Morgen war das Paket noch da.

«Jedes einzelne Wörterbuch werdet ihr wieder genau dorthin zurücklegen, woher ihr es genommen habt», sagte der Weihnachtsmann zu seinen Engeln. «Und macht so etwas nie wieder!»

Als seine Schüler auf dem Weg zur Erde waren, überflog ein Lächeln das Gesicht des Weihnachtsmannes, und seine Augen bekamen für einen Moment das Strahlen eines Jungen. «Schließlich bin ich der Weihnachtsmann und weiß alles und kann fast alles», sagte er zu sich. «Kein Mensch wird es merken, wenn ich in jedem Rechtschreibbuch dem Wort Weinachten das H zurückgegeben habe. Und ich habe mich nicht strafbar gemacht. Ich habe schließlich nichts weggenommen …»

Wolfgang Lemhöfer

Der Krippenbauer von Leutholzhofen
oder
«Lasset die Rotzlümmel zu mir kommen!»

Eine Weihnachtsgeschichte

Endlich: zu! Schluss. Aus. Stille. Die wunderbare, große, alles umfassende Stille des Kirchenraumes. Gottlieb hatte die schwere Holztür zugezogen, den Schlüssel zweimal rumgedreht und abgezogen, von innen. Was draußen war, war ihm egal. Er ging durch das lange, dämmerige Hauptschiff, das von den kleinen Fenstern im Obergaden nur schwach erleuchtet wurde, nach vorne, ließ den Blick rechts und links durch den weiten Raum schweifen bis in die dunkle Ausbuchtung der Seitenkapelle und erreichte frohgemut die Altarstufe.

Ja, er war froh. Endlich war er wieder allein, hier, wo er sich zu Hause fühlte. Die Kirche war sein Zuhause. Nicht so sehr die römisch-katholische, die erdumspannende, sondern diese hier, Alt-St. Martin in Leutholzhofen, eine kleine, frühromanische Pfeilerbasilika, die seit Jahrhunderten der dörflichen Gemeinde als Pfarrkiche diente. Als kleiner Junge war Gottlieb hier Messdiener gewesen und hatte die ersten heiligen Schauer erlebt, wenn die Sonnenstrahlen durch die dicken Weihrauchwolken fielen und sich phantastische Gestalten darin bildeten. Jetzt, ein halbes Jahrhundert später, war er der Küster; und seit ihn zu Hause niemand mehr erwartete – seine Frau war gestorben und Kinder hatten sie nicht bekommen –, verbrachte er die meiste Zeit zwischen den dicken romanischen Bruchsteinmauern und kümmerte sich um alles, was das alte Bauwerk brauchte.

«Das wird unser Gottlieb machen», sagte der Pastor immer, und auf diese Weise löste er die meisten Probleme. Gottlieb war das recht. Er war nicht der Mann, der über hierarchische Strukturen nachdachte, und Neuerungen begegnete er mit Misstrauen. Für ihn fiel auch auf den jeweiligen Ortspfarrer immer noch ein Abglanz der römischen Unfehlbarkeit, und niemals wäre es ihm in den Sinn gekommen, gegenüber dem geweihten Herrn eine eigene Meinung zu haben.

Deshalb war er ganz verstört, als in einer Sitzung des Pfarrgemeinderates ein Vorschlag aufkam, der ihn, Gottlieb Godesberger, den Küster von Alt-St. Martin, einfach überflüssig machen sollte und dem der Pastor ohne Zögern zustimmte und sich dafür begeistern ließ. Nicht rundherum überflüssig, versteht sich, den lästigen täglichen Kleinkram sollte er schon noch machen dürfen, aber seine schönste Aufgabe, auf die er sich das ganze Jahr über freute, die sollte ihm genommen werden!

Das ganze Jahr über sammelte er nämlich in einer Ecke des Kellers unter der Sakristei Steine und Holzknubbel, die irgendwie interessant und phantasieanregend aussahen, und zwar für Weihnachten. In den letzten Tagen vor dem Fest schleppte er dann alles in die Seitenkapelle hinauf, holte aus dem Wald einen ganzen Anhänger voll frisches Moos, und damit verwandelte er die ganze Kapelle in eine Krippenlandschaft, in der die heilige Familie und die Hirten und die Könige ihren Platz fanden. Jedes Jahr einen anderen, denn es war sein Ehrgeiz, sein künstlerischer Anspruch, dass die Landschaft jedes Jahr neu erfunden wurde und die heiligen Figuren immer neue Wege zu gehen hatten, auf denen er sie jeden Abend, wenn alle die Kirche verlassen hatten, ein kleines Stückchen weiter rückte.

Das war sein Privileg und seine Aufgabe, und niemand hatte ihm das jemals streitig gemacht. Im Gegenteil: Bewundernd standen die Leute nach jeder Messe vor seiner Landschaft, und mancher Künstler wäre neidisch geworden, hätte er gesehen, mit welcher Sorgfalt und Inbrunst das Werk des Gottlieb Godesberger von den Leuten in der Gemeinde betrachtet, bewundert, begutachtet und zu Hause nachgeahmt wurde.

Und nun war also einer gekommen, ein junger Spunt, der aus dem Studium einen Sack voll neuer Ideen mitbrachte, und alles sollte anders werden. Der Anlass dazu war ein ganz einfacher: Die Figuren, Gipsfiguren aus der Zeit zwischen den Weltkriegen, waren inzwischen so mürbe geworden, dass jedes Jahr welche zerbrachen, Körperteile abfielen, angeklebt werden mussten und dann doch wieder abfielen und verloren gingen. So waren alle sich einig, dass neue angeschafft werden müssten. Aber wovon? Geld war keines da. Da kam der Pastor auf den wunderschönen und sinnreichen Gedanken, jedes Gemeindemitglied dürfe eine Figur spenden, seine Figur, sich selbst sozusagen, und jeder stehe dann als Figur vor der Krippe. Das fanden alle herrlich; auch Gottlieb fand das schön und stellte sich sogleich vor, wie er sich selbst als frommen Hirtenknaben ganz nah vor das heilige Kind rücken würde, kniend, mit einem Lämmlein als Opfergabe auf den Armen. Anscheinend hatten die anderen sich Ähnliches vorgestellt, denn im Nu prasselte es von Angeboten, Hirten mit und ohne Lamm auf der Schulter, junge und alte, den heiligen Josef wollten gleich drei Leute stiften, und die Könige aus dem Morgenland hätte man unschwer im Dutzend aufmarschieren lassen können. Ein munter-lautes Durcheinander herrschte im Pfarrgemeinderat, bis einem auffiel, dass ausgerechnet Emma Maxeiner, eine junge Frau, die sonst zu jeder Frage vieles und Scharfsinniges zu sagen wusste, diesmal völlig stumm blieb. «Aber, Emmi-Maus!», wurde sie angepflaumt, «willst du denn gar nicht vor der

Krippe stehen? Wen willst du denn stiften?» – «Wie denn? Wen denn? Was denn?», gab sie spitz zurück. «Die heilige Jungfrau ist schon von Frau Huckebier beschlagnahmt, und ansonsten?! Ich bin kein Hirte und kein König! Es fehlen die Hirtinnen und die Königinnen! Wir müssen die Bibel umschreiben!» – «Ich hab eine Idee!», schrie einer dazwischen. «Wir brauchen noch Schafe und Ziegen!» Jetzt brach das Chaos aus! Die einen lachten, andere fanden es ganz passend, die Frauen als Schafe und Ziegen vor die Krippe zu stellen, Frau Huckebier rief, für diesen Witzbold solle man den Esel reservieren, und Emma Maxeiner stand zornig auf und knallte die Tür hinter sich zu. Nach einiger Zeit gelang es dem Pastor, die Gemüter zu beruhigen. Gar so eng dürfe man das mit den Figuren nicht sehen, natürlich kämen die Hirten stellvertretend für alle normalen Leute zur Krippe, die Könige hätten die Erdteile darzustellen, und überhaupt und so und alles. Am Ende fand sich, dass der Preis für die verschiedenen Figuren auch sehr unterschiedlich hoch war, und so ergab es sich ganz von selber, dass manch einer recht zufrieden war, wenn er auch mit einem kleinen Ziegenbock zum großen Ganzen beitragen konnte.

So weit, so gut. Gegen neue Figuren hatte Gottlieb nichts einzuwenden. Das empfand er als Herausforderung, eine ganz neue Komposition der Krippengesellschaft zu erfinden. Aber dabei blieb es nicht. Jetzt erst kam das auf, was ihm einfach den Teppich unter den Füßen wegzog, sodass er nicht wusste, wie er sich wehren sollte. Gunther Obermann, der Student, meinte, da ja nun nicht jeder die Figur stiften könne, in der er sich selbst wieder erkennt, so könne aber doch jeder, der überhaupt etwas gestiftet habe, am Aufbau der Figuren mitwirken. So werde die Krippe dann doch ein Gemeinschaftswerk der ganzen Gemeinde. Einen Augenblick herrschte absolute Stille, dann brach es los: «Ja! Klasse!

Das ist eine hervorragende Idee! Alle gemeinsam bauen die Krippe! So wird die Krippe der Mittelpunkt der Gemeinde!» – Gottlieb war sprachlos. Kein Wort brachte er heraus. Wo waren denn die Leute, die jedes Jahr seine Krippenlandschaft bewunderten? Die mussten doch jetzt protestieren! Die mussten doch auf ihn hinweisen, den allseits anerkannten Krippenbauer von Leutholzhofen! Nichts. Niemand stand auf für ihn, niemand legte sich ins Zeug für ihn. Alle waren fasziniert von dem Wort «Gemeinschaftswerk», und vielleicht hatte sogar der eine oder andere seine klammheimliche Schadenfreude daran, dass dem ollen Gottlieb, der für alles Gewohnte und Hergebrachte in der Gemeinde unentbehrlich war, eins ausgewischt werden sollte.

Was würde nun aber der Pastor dazu sagen? Das war Gottliebs letzte und verzweifelte Hoffnung. Der Pastor, kraft seines Amtes und seiner Würde, konnte doch das ganze dumme Geschrei auslöschen, die Ungeheuerlichkeit vom Tisch wischen und einfach erklären: «Das wird unser Gottlieb machen.» Der Pastor räusperte sich, die anderen wurden ruhig, Gottlieb hielt den Atem an, dann hörte er: «Ihr wisst, dass der Aufbau bisher immer von Gottlieb gemacht wurde. Und ich glaube, die meisten fanden das auch schön. Aber ein Gemeinschaftswerk der ganzen Gemeinde ist natürlich was Besonderes und noch schöner und wichtig für alle. Jeder Einzelne kann sich einbringen und mitwirken. Ich glaube, dass wir da etwas außerordentlich Gutes gefunden haben, etwas Kostbares. Vielleicht ist ja unser Gottlieb auch ganz froh, wenn er entlastet wird und nicht mehr alles alleine machen muss. Was sagst du dazu, Gottlieb?» Gottlieb konnte gar nichts sagen. Er machte den Mund auf, aber es kam nichts heraus. Er war wie versteinert. Erst als der Pastor schon weiterreden wollte, entfuhr ihm ein Krächzen und Husten, und er brachte die Frage zustande. «Und das Material! Was soll denn mit dem Material geschehen, das ich gesammelt habe?» – «Oh, ja, das soll natürlich verwendet werden», sagte der Pastor, «bring nur alles herauf aus dem Keller. Dann können sich die Leute aussuchen, was sie brauchen.» – «Und ich? Was soll ich dabei tun?!» Heftig brach es aus Gottlieb heraus. Jetzt erst merkte der würdige Herr, dass da unter der Oberfläche mehr brodelte, als in Worten hörbar wurde, und er beeilte sich hinzuzufügen: «Du bist natürlich dabei, Gottlieb! Du musst die Leute anleiten, denn du hast ja die Erfahrung! Ohne dich bringen wir das nicht fertig.» In der Runde war einiges Maulen und Murmeln zu hören, von «Innovationen» und «frischem Wind», aber es blieb dabei. Die ganze Gemeinde, jeder, der eine Figur gestiftet hatte, durfte mitwirken am Aufbau der Krippe, und Gottlieb sollte die Unternehmung leiten.

Das alles geschah im November. Im Dezember kamen die Männer von der freiwilligen Feuerwehr und schleppten drei respektable Tannenbäume in die Kirche. Das taten sie jedes Jahr, und sie wussten genau, wo die Bäume hin mussten und wie man sie dort aufstellen konnte. Die bildeten immer die Rückwand der Krippenlandschaft, sodass alle Wege in ihrem Schatten verschwinden und nach Silvester die heiligen drei Könige aus ihrem Dunkel ans Licht treten konnten. In diesem Jahr brachten die Männer noch etwas mit: drei große Kisten mit neuen Krippenfiguren. Die Neugier war stärker als aller Ärger, und sofort machte Gottlieb sich daran, die Verpackung zu lösen, sorgfältig, ohne die Kisten zu kippen und zu rütteln. Endlich konnte er die Deckel abheben: Da lagen, in Holzwolle verpackt, stilvolle Tonfiguren, in matten Erdfarben gebrannt, mit staunenden schwarzen Augen. Im ersten Moment spürte er Enttäuschung: Was?! Dieses kaffeebraune Geschlecht sollte fortan in ihrer Kirche stehen? In Alt-St. Martin in Leutholzhofen?! Aber als er immer mehr Figuren herausholte und nebeneinander auf den Boden stellte, konnte er sich dem Reiz und der Faszination dieser fremdartig erdfarbenen Population nicht entziehen. Es sah so anders und ungewohnt aus und doch auf seine ganz eigene Art anheimelnd. «Man müsste gut feiern können mit diesem Völkchen», schoss es ihm durch den Kopf, und sorgfältig packte er die bräunlichen Gestalten wieder in die Holzwolle und legte die Deckel auf die Kisten. «Man kann es ja mal versuchen», dachte er und dankte den Männern von der freiwilligen Feuerwehr, die inzwischen die Bäume ordentlich verankert hatten. Jetzt konnte es losgehen.

Eine Woche später ging es los. Ein Samstag war dafür angesetzt worden, damit auch jeder Zeit hatte; so früh, dass man noch den ganzen Tag vor sich hatte, aber doch auch so spät, dass alle ausschlafen konnten. Und alle, alle kamen, ausgeschlafen, munter und tatendurstig. Und nicht wenige brachten ihre Kinder mit. Im ersten Augenblick fand Gottlieb das schön. Seine Frau und er hatten sich immer Kinder gewünscht, und jeder Mensch auf der Welt weiß, dass Christkind und Krippe und Kinder zusammengehören. «Lasset die Kindlein zu mir kommen!» Aber die Kindlein von Leutholzhofen drängten sich so ungestüm durch die Kirchentür, jedes wollte das Erste sein und begründete seinen Anspruch mit Ellenbogen und lautem Geschrei, dass in Gottliebs Seele dunkle Ahnungen aufstiegen. «Dieser Tag wird nicht so fröhlich enden, wie er beginnt.» Ohne es zu wollen, hatte er das gesagt, aber keiner hatte es gehört. Fröhlich, aufgeregt und laut schoben sich die Leute in die Kirche hinein und füllten die Seitenkapelle mit einer Wolke von Geschnatter und Geschwätz. Auf der einen Seite lag das Material, das Gottlieb durch Monate hindurch gesammelt hatte, Kostbarkeiten aus Stein und Holz. Natürlich, man konnte es auch für Gerümpel halten, «Pröll», wie die Leute hier sagten, aber dreckig war es nicht! Dagegen musste Gottlieb sich verwahren! Er hatte jedes einzelne Stück unter fließendem Wasser abgebürstet und dann trocknen lassen. Sauber waren die Sachen. Und wenn sie erst in die Landschaft eingebaut würden, dann würde man schon sehen, wie schön und wirkungsvoll jedes Teil wäre! Er erklärte einigen, die sich um den Berg der Materialien versammelt hatten, wie er damit umzugehen pflegte, mit welchen Teilen man anfangen, wie man fortsetzen müsse. Und während er noch redete, erhob sich hinter ihnen eine fürchterliche Keiferei: Die Kinder hatten die Holzkisten mit den neuen Figuren entdeckt! Da nützte kein mahnendes Wort, kein Verbot, keine Drohung. Wie eine wilde Meute fielen sie darüber her, die Kistendeckel flogen auf die Seite, und mehrere Kinder wühlten gleichzeitig die Figuren aus der Holzwolle. Wer einen Hirten oder ein Schaf oder gar einen König erbeutet hatte, rannte mit seiner Trophäe und mit Triumphgeschrei davon, andere hinterher, wie die Möwen, die sich gegenseitig die Bissen vom Schnabel wegreißen. Gottlieb saß erstarrt auf der Altarstufe. Er wusste nicht, wie er diesem Wettereinbruch wehren sollte. Er erwartete, dass die jeweiligen Eltern, Väter und Mütter dieser Rangen, nun eingreifen, ihre Sprösslinge zurückpfeifen und Maßregeln aufstellen würden. Weit gefehlt. Die jungen Eltern sahen amüsiert zu, meinten, die Aufregung werde sich mit der Zeit von selber legen, und überhaupt sei es gut, wenn die Kinder lernten, sich durchzusetzen. So konnten die Kinder ungehindert fortfahren, sich gegeneinander durchzusetzen, und ob die neuen Tonfiguren diesen Lernprozess überleben würden, schien niemanden zu interessieren.

Die Erwachsenen wandten sich dem Bau der Landschaft zu, das heißt, ans Bauen ging es noch nicht sogleich, denn auch hier prallten die unterschiedlichsten Vorstellungen und Konzepte aufeinander. Für die einen musste der Stall beherrschend auf einer Anhöhe stehen, sodass alle Figuren zu ihm hinaufzustreben hätten. Die anderen meinten, dieses heilige Gehäuse müsse geschützt im Schatten eines Felsens oder unter den Bäumen liegen. Jede Position wurde mit viel Überzeugung, Bibelzitaten sowie allerlei Kenntnissen über die geographischen Gegebenheiten in der Umgebung von Bethlehem verfochten, ohne dass eine Seite die andere zu überzeugen vermochte. Am Ende setzte sich die tatkräftige Selbstgewissheit von Frau Huckebier durch, die nie von irgendwelchen Selbstzweifeln beunruhigt wurde. Sie legte einfach Hand an. Sie schob das hölzerne Stallgebäude unter den mittleren Tannenbaum, nahm aus Gottliebs Werkzeugkasten Hammer und Nägel heraus und fing an, das Corpus Conflicti an den Baumstamm zu nageln. Für einen Augenblick hielten alle inne, man hörte nur die energischen Hammerschläge, dann aber brach es umso heftiger los: Die einen klatschten Beifall, die anderen empörten sich, so könne man nicht vorgehen! «Einfach vollendete Tatsachen schaffen, mit roher Gewalt! Wo sind wir denn hier?!» Und da nun einmal die Grenze zur Handgreiflichkeit überschritten war, griffen auch die anderen zu, drängten Frau Huckebier auf die Seite und zogen den Stall von Bethlehem wieder unter dem Baum hervor. Das heißt, sie wollten ihn hervorziehen, aber das ging so ohne weiteres nicht. Ein Nagel war schon drin und hielt die Rückwand des Stallgebäudes unverrückbar fest. Zwei Mann zogen mit rhythmischem «Hau ruck!» an der Bodenplatte, plötzlich lautes Gepolter und Gepurzel: Die beiden kullerten nach hinten, Gelächter, der Stall war los, aber er war seiner Rückwand verlustig gegangen. Die haftete am Baum. Der Baum war ordentlich verankert. Er war zwar bei dieser Aktion in leichte Schwingungen geraten, aber nun stand er wieder ruhig.

Gottlieb, der mit schreckensweiten Augen zugeschaut

hatte, konnte tief durchatmen. Aber das Drama war noch nicht zu Ende. Mit der Unerbittlichkeit einer antiken Tragödie strebte es seinem Höhepunkt zu, und das heißt, der Katastrophe.

Die Rückwand des Stallgebäudes musste wiedergewonnen und aus der Huckebier'schen Vernagelung erlöst werden. Zwei Mann krochen unter den Tannenbaum, beide mit einem Hammer bewaffnet, und mit abwechselnden Schlägen, mal rechts, mal links, «hau – ab! hau – ab!», droschen sie auf die Rückwand ein. Allerdings waren die räumliche Enge und die Dunkelheit unter dem Tannenbaum sehr hinderlich, und so fand die Kraftanstrengung nicht jedes Mal das angepeilte Ziel. Immer wieder gingen Schläge fehl und trafen den Stamm oder die Holzstücke, mit denen er im Boden festgerammt war. Solch ungestümen Angriffen war die Verankerung nicht gewachsen. Der Baum neigte sich nach vorne, und ehe noch das warnende Geschrei der Zuschauer die beiden Schläger bremsen konnte, kippte er krachend auf den Kapellenboden. Das Stallgebäude, ohne Rückwand, war zermalmt; sonst war glücklicherweise nichts geschehen. Die Helfer und Helferinnen des Gemeinschaftswerkes waren rechtzeitig zur Seite gesprungen, und die tönernen Krippenfiguren hatten die Kinder ja überallhin verschleppt. Jetzt kamen sie natürlich angerannt, um das Unglück zu bestaunen. Die Figuren ließen sie stehen und liegen, wo gerade sie damit gespielt hatten, mit anderen Worten: Sie waren über den gesamten Kirchenraum verteilt.

Das war der Stand der Dinge, als der Pastor auf der Bildfläche erschien. Er hatte, als er allein beim Frühstück saß, sich vorgestellt, jetzt würde in der Kirche die Schar der Stifter und Helfer frohgemut und mit frommem Eifer damit beschäftigt sein, das Gemeinschaftswerk zu vollbringen. Und es zog ihn sehr dahin, um auch an dieser heiteren Gemeinschaftlichkeit Anteil zu haben. Kaum hatte er von der Seite her die Sakristei betreten, hörte er von ferne lautes Stimmengewirr, heftiges Schimpfen und gegenseitige Vorwürfe; und als er den Chorraum betrat, sah er die Bescherung: Auf den Altarstufen der Seitenkapelle lag ein Tannenbaum der Länge nach auf der Erde, die Gemeindemitglieder standen drum herum und beschimpften sich, und die Kinder, die dabei nichts zu tun fanden, schwärmten schon wieder aus, um mit den Krippenfiguren weiterzuspielen, die in irgendwelchen Ecken stehen geblieben waren. Zwei Jungen hatten ihre neuartigen Rollschuhe mitgebracht, Skater, und benutzten den langen Mittelgang als Rollbahn. Er erwies sich als sehr geeignet. Nur die eine Stufe, die den Altarraum rundherum gegen das Hauptschiff abgrenzte – die Kommunionbank hatte man nach dem 2. Vatikanischen Konzil entfernt –, war etwas hinderlich. Die Jungen probierten, ob es wohl möglich sei, diese eine Stufe, ohne abstoppen zu müssen, aus dem Lauf heraus im Sprung zu überwinden. So kam gerade einer der Jungen angesaust, fünf Meter vor der Stufe ging er in die Hocke, dann schnellte er plötzlich in die Höhe, zog die Füße nach und flog seinem Seelenhirten ungestüm in die Arme. Hätte der ihn nicht kommen sehen und instinktiv alle Muskeln angespannt, es hätte ihn umgerissen.

Einige Augenblicke brauchte der Pastor, um sich zu fassen. So hatte er sich das Gemeinschaftswerk nicht vorgestellt. Als die Leute ihn bemerkten, wurde er gleich umringt und bestürmt. Jeder wollte seine Sicht des Vorgangs und die Schuld der anderen Seite darstellen. Mit Mühe verschaffte er sich Ruhe. Sein Blick suchte Gottlieb. Der hockte, zusammengekauert, auf dem Berg der gesammelten Materialien und hielt sich die Ohren zu. Der Pastor begriff, dass es nun an ihm sei, ein Machtwort zu sprechen. Er bedauerte das Missgeschick und richtete eine ernste Ermahnung an die Versammelten.

Schließlich meinte er, es sei doch wohl nicht klug, einen neuen Brauch so unvorbereitet vom Zaun zu brechen. Sie müssten wohl noch einmal darüber beraten und gemeinsam Maßregeln aufstellen. Nicht jetzt und auf die Schnelle, sondern ohne Zeitdruck in einer Sitzung des Pfarrgemeinderates.

«Jetzt aber und sofort», und er erhob seine Stimme ein wenig, damit Gottlieb aus seiner Erstarrung aufgeweckt würde, «damit für Weihnachten auch alles fertig ist, jetzt soll Gottlieb noch einmal die Krippe bauen! Nur zwei Männer sollen noch hier bleiben, um den Baum wieder aufzurichten. Und ihr, ich bitte euch, sucht die Figuren wieder zusammen, die eure Kinder verschleppt haben, und dann – dann geht doch bitte nach Hause!» Die Angesprochenen maulten zwar ein wenig, aber es lag dermaßen deutlich auf der Hand, dass die Situation nicht anders zu retten war, dass sie dem Wunsch ihres Pastors folgten und Gottlieb alleine ließen. Es dauerte wohl noch eine halbe Stunde, bis die Männer den Baum wieder aufgerichtet und einigermaßen befestigt hatten und bis alle Figuren wieder beisammenstanden, fast alle; ein Hirtenknabe und zwei Schafe blieben verschollen, und ein Gepäckträger aus dem Gefolge des Balthasar hatte die kostbare Truhe verloren, die er dem heiligen Kind zutragen sollte. Fortan ging er gebückt, ohne dass etwas Sichtbares ihn bedrückte. Endlich war alles getan und beieinander, und einer nach dem andern trollte sich davon. Nur einige von den Kindern, die die Kirche gerade erst als neuen Spielort entdeckt hatten, protestierten noch, rannten davon und mussten eingefangen und mit elterlicher Gewalt hinausgeschoben werden. Gottlieb konnte sich nicht erinnern, jemals solches Gerenne und Gezeter in der Kirche erlebt zu haben. In seiner Kindheit wäre es ihm nicht eingefallen, hier die Stimme zu erheben, außer zum Lobgesang. Schon manches Mal waren ihm Zweifel gekommen, angesichts der nachwachsenden

Generation, die um die Kirche herum ihr Wesen trieb, ob der Herr, damals im heiligen Land, wirklich alle Kinder um sich haben wollte, ohne Ausnahme, jede naseweise Göre und jeden dummdreisten Rotzlümmel. Aber weil das nicht die einzige Geschichte war in dem Heiligen Buch, die ihm Schwierigkeiten bereitete, es gab noch andere, die ihn ganz ratlos machten, so ließ er die Sache auf sich beruhen und wandte sich dem Nächstliegenden zu. Das war die Krippe, seine heilige Landschaft.

Nachdem die Tür verschlossen war und niemand mehr ihn stören konnte, kam die große Schaffensfreude über ihn. Sechs Hände hätte er haben mögen, um all das zu bauen, zu richten und zu formen, was ihm gleichzeitig einfiel. Statt des zerstörten Stalles entstand eine geräumige Höhle in felsigem Gelände. Trampelpfade führten von allen Seiten herbei, und in einer moosgrünen Mulde versammelten sich die Hirten, um sich auf den Weg zu machen. Drei Tage dauerte es, dann war Gottlieb fertig. Er hängte einen großen grauen Vorhang vor sein Werk; der wurde extra für diesen Zweck in der Sakristei aufbewahrt, weil er über die ganze Breite der Seitenkapelle reichte. Der schönste Augenblick für ihn war es, wenn er vor der Christmette, wenn die ersten Leute kamen, den Vorhang wegnahm und die Lichter einschaltete, welche die Krippenlandschaft in der dunklen Seitenkapelle erst richtig lebendig werden ließen. Dann war der erste Weg eines jeden Kirchenbesuchers zuerst zur Krippe, und Gottlieb konnte, seitlich aus dem Schatten der Bäume heraus, beobachten, wie alle sein Werk bewunderten.

Als Gottlieb in diesem Jahr die schwere Kirchtür für die Besucher der Christmette aufschloss, da drängelten sich schon einige Kinder davor. Die hatten ja schon geholfen, die neuen Figuren auszupacken, und fühlten sich sehr berechtigt, als Erste das fertige Werk anzuschauen. Ehe Gottlieb irgendetwas bremsen oder verhindern konnte, stürmten sie hinein und mit freudigem Geschrei nach vorne. Sie kannten sich ja hier aus! Und wie ein Vater, der sein Kind unter die Räuber fallen sieht, stürzte Gottlieb hinterher und vergaß alle gewohnte Würde, die er dem heiligen Raum schuldig zu sein glaubte. Er rannte richtig und war wild entschlossen, mit aller notwendigen Handgreiflichkeit die zudringlichen Schreihälse von seinem Heiligtum fern zu halten. Als er ankam, keuchend und um Luft ringend, konnte er nicht glauben, was er sah: Mit aufgerissenen Augen, staunend, wie die erdbraunen Figuren, standen die Kinder vor der Krippenlandschaft, unbewegt, stumm, die Gören und die Lümmel, und konnten sich gar nicht satt sehen an der vielgestaltigen heiligen Welt. Keines schickte sich an, die Grenze zu überschreiten, einzusteigen und zuzugreifen. Wie von einem Zauber gebannt, mussten sie stehen und schauen, unentwegt.

Gottlieb war auch stehen geblieben und betrachtete mit ungläubigem Staunen – nicht seine Landschaft, darin kannte er jeden Stein –, sondern die Kinder, die er so nicht kannte, die er als ungebärdige Schreihälse kennen gelernt hatte. Und ganz tief in seinem Inneren, da, wo er in stillen Stunden die Fragen stellte, auf die er nur so selten eine Antwort bekam, da formte es sich wie ein Satz, als ob er es hören könnte: «Siehst du die Naseweise und Rotzlümmel, Gottlieb? Warum willst du sie von mir fern halten?»

Uwe Bernzen

Das Fest der Engel

Weihnachten ist das Fest, an dem wir der Geburt Jesu Christi gedenken und es alle feiern. Gläubige wie Ungläubige! Weihnachtlicher Friede senkt sich dann über das Land, und es wäre schlimm, wenn wir den verlieren würden.

Weihnachten ist aber auch – und das lässt sich nun wirklich nicht leugnen – ein Fest der Engel. Das können wir schon der Bibel entnehmen. Wie hätte Maria wissen können, wen sie da unter ihrem Herzen tragen sollte, wenn es der Engel ihr nicht gesagt hätte. Wie hätte Josef, Marias Verlobter, wissen sollen, was seine Rolle in diesem für die Weltgeschichte so wichtigen Geschehen sein sollte, wenn es eines Nachts der von Gott gesandte himmlische Bote ihm nicht erklärt hätte. Wie hätten schließlich die Hirten auf dem Felde von der Geburt des Erlösers erfahren sollen, wenn nicht der Himmel eine goldene Leiter auf die Erde gestellt hätte, mit Hilfe deren die Scharen der seligen und jubelnden Himmelsgeister ihr «Ehre sei Gott in der Höhe» im Glanz der Ewigkeit auf die dunkle Erde gebracht hätten. Die Hirten waren es auch, die als Erste von der himmlischen Friedensbotschaft, die die Engel im Namen dieses neugeborenen Kindes verkündeten, erfuhren. Alle Menschen sollten wissen, so riefen es die Engel aus, dass Gott denjenigen den Frieden schenken wolle, die das Weihnachtsfest in rechter Weise feierten. Diese weihnachtliche Friedensbotschaft der Engel hat nun leider nicht immer das Echo gefunden, das ihr die Menschheit im eigenen Interesse hätte geben sollen. Das schlechte Gewissen treibt die Menschen aber dazu, natürlich vor allem am Weihnachtsfest sich der Engel und ihrer Botschaft zu erinnern. Und deshalb ist Weihnachten auch das Fest der Engel.

Deutlich konnte man dies im Übrigen in den adventlichen Tagen dieses Jahres in den Schaufenstern, z. B. im Möbelfachgeschäft von Schulze & Heinemeier GmbH & Co. KG, genannt «Das Wohnparadies», hier bei uns am Ende der Straße sehen. Schon seit Mitte November bevölkerte eine Legion der himmlischen Boten die 14 großen Schaufenster dieses seriösen und in unserer Stadt sehr beliebten Ladens. Natürlich waren es nur Bilder von Engeln, die da zur Dekoration verwendet wurden, aber immerhin. Das «Wohnparadies», seine Eigentümer, die Schaufenstergestalter und wohl auch die Mehrheit der Angestellten dieser Firma verbinden den Begriff «Weihnachten» mit Engeln, und ihre Kundschaft tut es wohl auch. Mir ist wenigstens von einer Beschwerde über gerade diese Dekoration zur Weihnachtszeit nichts bekannt geworden.

Neulich geschah nun etwas im «Wohnparadies», das Geschäftsleitung und Angestellte, aber auch mich als zufällig anwesenden Kunden doch verblüffte, wobei «verblüfft» vielleicht doch nicht das richtige Wort für die Reaktion der Anwesenden ist. Bei mir auf jeden Fall zeigte das bemerkenswerte Ergebnis vor allem Staunen, Freude und Dankbarkeit, und zwar in dieser Reihenfolge. Ich hatte gerade den Laden betreten, um für meine Frau einen Schaukelstuhl als Weihnachtsgeschenk auszusuchen, als das Unerwartete geschah. Kurz nach mir betrat eine Frau mittleren Alters das «Wohnparadies». Ging ein paar Schritte auf die Möbel zu, die in einem der Schaufenster standen, und sah sich suchend um. Obwohl ich wenig Zeit hatte und zudem genau wusste, in welchem Raum des weitläufigen Geschäftes ich nach Schaukelstühlen zu suchen hatte, denn ich hatte schon ein paar Tage früher hier eine Vorauswahl getroffen, blieb ich stehen und musterte die Frau eingehend. Warum tat ich das? Das wusste ich zunächst auch nicht, bis mir auffiel, dass sie so etwas anziehend Reines, so etwas glänzend Sympathisches hatte, wie es mir bei einem Menschen noch nie aufgefallen war. Vor allem ihr Gesicht, ihre Augen hatten so etwas übernatürlich Schönes, dass es mir ganz unmöglich war, meinen Weg weiterzugehen, um mich der Schaukelstuhlauswahl zu widmen.

Sogleich eilte ein Verkäufer herbei, um sich der neuen Kundin zu widmen.

«Guten Tag, die Dame! Womit kann ich dienen?», fragte er artig. «Suchen Sie etwas Bestimmtes? Das, was Sie sich da gerade ansehen, wenn ich mir die Bemerkung erlauben darf, sind Ausstellungsstücke. Die zu verkaufenden Stücke finden Sie in unseren Möbeletagen.»

«Vielen Dank für diesen Hinweis», sagte daraufhin die seltsame Kundin mit glockenreiner Stimme, die in einem Echo aus den angrenzenden Räumen widerklang. «Vielen Dank, ich suche gar keine Möbel bei Ihnen, die benötige ich in meinem Leben nämlich gar nicht.»

Der Verkäufer stutzte und schien zu überlegen, was die Worte wohl zu bedeuten hätten, während die Kundin sich mehr und mehr in eines der Schaufenster begab und schon die ersten Passanten auf der Straße stehen blieben, weil sie wohl einen besonderen Reklametrick erwarteten.

«Was suchen Sie dann?», fragte der verwirrte Verkäufer nach einer kleinen Bedenkpause.

«Ich interessiere mich für Ihre weihnachtliche Dekoration. Sie haben nämlich da mein Bild mehrfach in die Fenster gestellt, und Sie können sich sicher vorstellen, dass mich so etwas lebhaft interessiert.»

«Ihr Bild mehrfach ins Fenster gestellt? Wieso denn das?», fragte der Verkäufer gedehnt und mit krauser Stirn zurück.

«Das weiß ich natürlich auch nicht, warum Sie mein Bild vielfach in Ihre Schaufenster gestellt haben», gab die Kundin bescheiden zur Antwort.

«Nein, nein, da haben Sie mich missverstanden, ich meine, wieso Sie meinen ... also wir haben da gar keine Bilder stehen, also gar keine Bilder von Ihnen stehen, wir kennen Sie ja auch gar nicht, ich meine, wieso meinen Sie, dass da Ihr Bild in unser Schaufenster kommen könnte? Wir haben da ja nur weihnachtliche Dekoration!», stammelte der Verkäufer.

Die Kundin bückte sich daraufhin flugs und hielt dann ein Bild, auf dem zwei Engel zu sehen waren, in die Höhe, deutete auf den einen und erklärte schlicht: «Das da bin ich.»

«Ach», hauchte der Verkäufer fast tonlos und hielt sich dabei krampfhaft an einen Stuhl fest. «Ach, das sind Sie.»

«Ja, das bin ich, und das andere ist meine Schwester im Herrn. So hat uns der Maler in einer Stunde der Verzückung gesehen und dann noch in selbiger Stunde auf die Leinwand gebracht. Raffaelo Santi hieß der Mann. Bei Ihnen wird er aber wohl nur Raffael genannt, oder?»

«Ja, das kann sein, das heißt, ich weiß es gar nicht. Das könnte Ihnen aber unser Dekorateur, Herr Wehnardt, sagen, wenn es Sie interessiert.» Der Verkäufer hatte die letzten Worte so dahingeplappert, und man sah ihm an, dass ihm seine Gedanken und Überlegungen etwas durcheinander geraten waren und er nicht genau wusste, ob er jetzt hier ein Examen in Kunstgeschichte machen oder Möbel verkaufen sollte. «Was ist jetzt zu tun? Was ist jetzt zu tun?», fragte sich sein Hirn immerzu und fand in keiner der kleinen grauen Zellen eine passende Antwort. Er wurde von dieser Verkrampfung aber durch die bemerkenswerte Kundin selbst erlöst. Sie erklärte mit glasklarer, durchdringender Stimme und dazu noch eine Oktave höher als bislang: «Junger Mann, wenn Sie das Bild einer Person zu Reklamezwecken gebrauchen wollen, dann muss das Einverständnis dieser Person vorliegen. Sie haben mich aber nie gefragt, ob Sie mein Bild für Ihre Zwecke benutzen dürften. Ich hätte es Ihnen im Übrigen auch nie gegeben. Das nur so nebenbei. Liegt aber das Einverständnis nicht vor, so haben Sie Schadenersatz zu leisten. Das hat der Bundesgerichtshof in Zivilsachen entschieden, wie Sie im 20. Band seiner Entscheidungen nachlesen können. Das muss Ihnen doch bekannt sein, bevor Sie solche Bilder in das Schaufenster stellen. Na, ich sehe schon, Sie können für diesen Missbrauch nichts. Sie sind ja nur für den Verkauf zuständig.» Mit Letzterem hatte die Dame natürlich Recht, und Sie sprach dem hilflosen Verkäufer aus der Seele. Er hatte bei dem Wortschwall der Kundin schon den Mund aufgemacht, um ihr ebendies mitzuteilen. Jetzt konnte er nur noch nicken, und als die Kundin zum Abschluss ihrer Tirade den Geschäftsführer des Unternehmens zu sprechen wünschte, drehte der Verkäufer sich blitzschnell mit den Worten «Die Geschäftsführerin? Die Geschäftsführerin kommt sofort» auf den Hacken um und verschwand in das Innere des Hauses.

Die Kundin widmete sich jetzt wieder der Betrachtung des niedlichen Engelbildes und schüttelte den Kopf, wobei sie vernehmbar murmelte: «Das ist eine Unverschämtheit. Jetzt muss ich auch schon für Möbel werben, wenn man bedenkt, wofür ich sonst schon alles geworben habe. Nur der arme Raffael kann nichts dafür, der hat es doch so gut gemeint.»

Dann erschien eine junge, smarte Dame, der man die erfolgreiche Karriere und das schnelle Auto vor der Tür schon am Kostüm ansah, und wandte sich sofort der Kundin zu, die mittlerweile drei der Engelpaare in der Hand hielt. «Mein Name ist Meierfeld, ich bin die Geschäftsführerin des ‹Wohnparadieses›, und Sie hatten Fragen zu unserer Weihnachtsdekoration», brachte sie mit einem gekonnt charmanten Lächeln hervor.

«Ja», antwortete die Kundin etwas erregt. «Ja, die habe ich.

Wie kommen Sie dazu, mein Bild zu Dekorationszwecken zu verwenden?»

«Ihr Bild? Das ist dann wohl ein Jugendbildnis von Ihnen», scherzte die Geschäftsführerin.

«Junge Frau, lassen Sie bitte diese Scherze. Sie müssen doch wissen, dass wir Engel nicht an eine äußere Gestalt gebunden sind. Wir zeigen uns den Menschen, so wie der Mensch unser Erscheinen benötigt, als Racheengel mit dem Flammenschwert, als niedliche kleine Putte wie auf diesem Bild oder als Schutzengel in menschlicher Gestalt oder als schlichte Kundin in einem Möbelgeschäft, die die Geschäftsführung daran hindern will, kostenlos Schindluder mit Bildern von Himmelsbewohnern zu treiben.» Die Kundin hatte sich bei ihren Worten hoch aufgerichtet und fixierte die Geschäftsführerin, der man ansah, dass ihr das Lachen vergangen war, und die mit sich rang, wie sie die offenbar überspannte Dame wohl am schnellsten und ohne größere Schwierigkeiten wieder loswerden könnte. Ich, für meine Person, dachte mir in diesem Moment: «Ach, daher weht der Wind. Hier geht's ums Geld, hier will jemand mit einem neuen Dreh abstauben», aber ich zweifelte doch, ob das des Rätsels Lösung wäre, denn so ein Betrug passte so ganz und gar nicht zu der geheimnisvoll imponierenden Gestalt dieser Kundin. Inzwischen hatte offenbar die Geschäftsführerin eine gute Idee zur Beendigung der peinlichen Szene.

«Selbst wenn Sie ein Engel wären, beste Frau, gäbe es hier nichts für Sie zu holen. Unser Recht gilt nur für Menschen. Ihnen steht hier überhaupt nichts zu. Verlassen Sie also bitte möglichst schnell und unauffällig unser ‹Wohnparadies›», sagte sie sehr betont und wies mit lässiger Geste zur Tür, indem sie noch hinzufügte: «Für solche Erpressungsversuche bin ich nicht zu haben. Gehen Sie bitte sofort, oder ich muss die Polizei holen!»

«Nein», zischte die Kundin scharf durch die Zähne. «Nein, so geht es nicht; so werden Sie mich nicht los. Sie kennen offenbar Ihr Menschengesetz nicht. Das sollten Sie aber, bevor Sie frech daherkommen. In Paragraph 22 des Kunsturhebergesetzes heißt es, und zwar in dessen Absatz 1: ‹Bildnisse dürfen nur mit Einwilligung des Abgebildeten verbreitet oder öffentlich zur Schau gestellt werden.› Da ist weder speziell von Menschen und nicht speziell von Engeln die Rede. Das Gesetz gilt für jeden, auch für uns Himmelsbewohner. Ich kann von Ihrem Haus die Vernichtung der Bilder verlangen. Ich kann aber auch, und das hat der Bundesgerichtshof ausdrücklich festgestellt, eine Entschädigung in Geld verlangen. Um diesen Schadenersatz geht es mir. – So, das war die rechtliche und geschäftliche Seite meines Besuches. Es ist übrigens nicht mein einziger Besuch bei den Kaufleuten und Werbetreibenden in diesem Lande. Meine Schwester und ich haben eine Unzahl von euch aufzusuchen. Je weniger wir Engel in eurem Leben von Bedeutung sind, desto leichtfertiger geht ihr mit unserem Bild um. Alle Angst, Verehrung, alles Vertrauen zu uns ist von euch abgefallen. Ihr habt uns zu süßlichen Werbepuppen gemacht.

– Ja, wir sind die niedlichen Engelchen auf dem Bild, das man so gemeinhin das Bild der Sixtinischen Madonna nennt. Aber ich bin auch der Engel, der die ersten Menschen aus dem Paradies gewiesen hat, so wie er in deiner Schulbibel abgebildet war, Sabine.» Die Kundin hatte den letzten Satz mit ganz milder, lieblicher Stimme gesprochen, die die Geschäftsführerin aufhorchen ließ. Ja – und dann geschah das Unfassbare. Vor unseren Augen verwandelte sich die Kundin in einen großen strahlenden Engel, und aus ihrem Regenschirm wurde ein Flammenschwert, mit dem nun sie, und zwar unmissverständlich, zum Ausgang des «Wohnparadieses» deutete. Und in der Tat, dieser Engel schien meiner

Schulbibel entstiegen zu sein, genau dieses Bild war dort zum Abschluss der Schöpfungsgeschichte zu finden. Es hatte mir in den frühen Jahren meiner Schulzeit kräftig Angst eingejagt, aber auch in seiner strafenden Folgerichtigkeit imponiert. Die Geschäftsführerin, Frau Meierfeld, schien die gleiche Schulbibel gehabt zu haben. Sie stand nämlich da mit groß aufgerissenen Augen; alles Smarte und Arrogante war von ihr abgefallen. Sie bestand nur noch aus gläubigem Staunen. Da erklang von irgendwoher eine überirdische Stimme: «Glaubst du jetzt, dass ich ein Engel bin, Sabine?» Frau Meierfeld nickte zustimmend wie ein braves Kind, und der Zauber entschwand. Wie wenn nichts gewesen wäre, stand die Kundin wieder unter uns. «Ich dachte an 5000 Mark dafür, dass Sie mein Bild zu Werbezwecken missbraucht haben, darin enthalten ist gleichzeitig auch der Preis für den Missbrauch des Bildes meiner Schwester. Das Geld soll selbstverständlich nicht für mich sein. Ich brauche das Geld nicht. Ich denke mir, dass Sie dieses Geld heute oder morgen eigenhändig beim Heim für elternlose bosnische Flüchtlingskinder am anderen Ende dieser Straße vorbeibringen; wohlgemerkt: eigenhändig, nicht auf irgendein Konto überweisen, keine Spendenquittung dafür verlangen, eigenhändig anonym im Geschäftszimmer abgeben. Sind Sie damit einverstanden?», fragte bohrend die Engel-Kundin, und Frau Meierfeld, die wie im Traum verloren dort stand, nickte, und ich hatte das Gefühl, sie wusste gar nicht mehr, was um sie herum geschah. «Selbstverständlich müssen die Bilder sofort aus dem Schaufenster, und wo immer sie hier noch im Haus hängen oder stehen, verschwinden. Nehmen Sie meinetwegen Sterne oder Tannenzweige oder Lametta oder was sonst so zum Weihnachtsfest dazugehört, und schmücken Sie damit Ihre Schaufenster. Unsere Bilder haben auch in Zukunft bei Werbung und Propaganda für irgendwas und irgendwen nichts zu suchen! Ist das klar?» Die Geschäftsführerin nickte und hauchte dann ihr «Ja». Nun wurde die Kundin richtig charmant und nett. Sie lächelte, gab Frau Meierfeld die Hand, drohte scherzend mit dem Finger und sprach den beherzigenswerten Reim:

«Die Englein nicht zur Werbung nutze,
denn einer kommt zu ihrem Schutze,
droht böse mit dem Flammenschwert,
das ist dann leicht fünftausend wert.»

Mit den Worten «Ich wünsche Ihnen und Ihrer Familie noch eine gnadenreiche Adventszeit und ein gesegnetes Weihnachtsfest» verließ der Engel sodann, ohne ein weiteres spektakuläres Ereignis und ohne sich die Spendenverpflichtung schriftlich geben zu lassen, den Laden, das so genannte «Wohnparadies».

Frau Meierfeld stand eine Weile mit geschlossenen Augen da, dann schüttelte sie sich, wie wenn sie sich damit in die Wirklichkeit zurückrufen wollte, lächelte mich lange an und flüsterte dann: «Recht hat sie, solche Bilder gehören wirklich nicht in die Auslage», sagte es und ging eilends von Fenster zu Fenster und kassierte die Engelbildchen ein. Mit dieser himmlischen Kollektion verschwand sie. Auch ich musste mich aus meiner Verzauberung wieder lösen und eilte geschäftig in den Bereich für Schaukelstühle.

Sie fragen, wie die Geschichte ausgegangen ist? Nun, Frau Meierfeld war seit diesem Erlebnis wie verwandelt. Fröhlich und zuvorkommend begrüßte sie jeden Kunden, der den Laden betrat, fragte ihn, ob ihm die weihnachtliche Dekoration mit frischem Tannengrün und bunten Kugeln gefalle, und verwies ihn dann weiter an den jeweils zuständigen Verkäufer. Viele Käufer kamen aus Neugier in den Laden, denn sie hatten von der Geschichte läuten hören, und es wurde manches Geschäft getätigt, das unter normalen Bedingungen nicht getätigt worden wäre. «Das Wohnparadies» hatte also die 5000 DM schnell wieder herein, die die Geschäftsführerin wie verabredet noch am selbigen Abend abgeliefert hatte. Der Zugewinn verschwand aber auch ebenso schnell, denn Frau Meierfeld hatte das Spenden als ihre neue Leidenschaft entdeckt.

Wie es aber tatsächlich am fraglichen Abend im Advent im «Wohnparadies» zugegangen ist und wie ein Engel eingreifen musste, um den Flüchtlingskindern zu ihrem Recht und dem Urteil des Bundesgerichtshofs zum Sieg zu verhelfen, das wussten nur Frau Meierfeld und ich alleine. Kein anderer aber wollte es hören, und wer es trotzdem hörte, verstand es nicht, und wer es verstand, der glaubte es nicht und hielt es für eines der vielen Märchen, die zu Weihnachten erzählt werden.

Sr. Hanna Klapdohr

Der kleine Stall

Es war einmal ein kleiner Stall, der stand fröhlich und zufrieden irgendwo in einem Winkel eines großen, unübersehbaren Königreiches. Seit er denken konnte, stand er da am Waldrand, vor seiner Tür lag eine saftige Wiese, und ein Bach schlängelte sich vom Wald ins Tal hinunter. Für den kleinen Stall gab es keinen schöneren Platz auf der Welt – es muss allerdings dazugesagt werden: Er kannte ja auch keinen anderen. Eine Familie aus dem nahe gelegenen Dorf hatte ihn hierher gebaut. Der kleine Stall hatte es gern, wenn der Wind die Geräusche aus dem Dorf in seine Wände hineintrug, und noch schöner waren die Zeiten, in denen die Hirten der Familie mit ihren Schafen die Wiese zu seinen Füßen bevölkerten und des Nachts vor dem Stall ein Feuer anzündeten, ihre Lieder sangen und Geschichten erzählten.

An eben so einem Abend – der kleine Stall war gerade darin vertieft, über sich und sein Stall-Sein nachzudenken –, da hörte er die Hirten von ihrem König erzählen. Bis in diesen Winkel seines Reiches war es vorgedrungen, dass die Königin ein Kind erwarte, ein erstes Kind des großen Königs! Alles – so schien es – wartete schon ganz lange auf dieses Kind. Und gerade jetzt, das wussten die Hirten weiterzuerzählen, müsse der König mit seiner Frau eine lange Reise durch sein Reich antreten, und keiner könne wissen, wo das königliche Kind nun geboren werde. Die Hirten lagen schon längst in ihre Decken gewickelt am erloschenen Feuer, da überlegten sie immer noch, welches der rechte Ort für ein so großes Fest wohl sein könne.

In dieser Nacht war das Ställchen ganz wach. Die Sterne funkelten hell über seinem Dach, und es konnte nicht aufhören, an den König, seine Frau und das kleine Kind zu denken, das da geboren werden sollte. Und plötzlich war es ihm ganz klar, ja als riefen die Sterne es vom Himmel ihm zu: «DU bist es, in deinen Wänden soll der große König geboren werden!» Der kleine Stall erschrak über sich selbst. Und doch, er hatte nicht geträumt. Einen Augenblick lang war er sich seiner Bestimmung ganz sicher gewesen. Und seine Wände zitterten vor lauter Freude. Er konnte nun nicht länger ein Stall bleiben, er sollte ein Palast werden, das war ihm sofort klar. Seine Wände standen ja viel zu eng, er selbst war viel zu klein für ein solches Ereignis, und dann erst der Schmutz ... Wie sollte das nur gehen? Und dennoch, der Stall war gespannt auf die Tage, die da kommen sollten, auf den König und seine Frau, und überhaupt ... er hatte nie geahnt, dass man als Stall so glücklich sein konnte.

Zunächst geschah nichts Außergewöhnliches. Doch nach einiger Zeit bemerkte der Stall, dass die Geräusche, die der Wind aus dem Dorf herübertrug, viel seltener und leiser wurden. Die Hirten und ihre Familien waren fortgezogen. Sie wollten ja auf keinen Fall die Geburt des großen Königs in diesem Winkel des Reiches verpassen. Hier war ein Besuch des Königs doch zu unwahrscheinlich, so waren sie aufgebrochen. Nur noch selten fanden Hirten und ihre Herden den Weg zu seiner Wiese, seltener wurden die Feuer vor seiner Tür, und der kleine Stall fühlte sich oft einsam. Die meisten Hirten waren unterwegs, auf der Suche nach dem König, dessen Reiseroute sie alle eines Tages zu kreuzen hofften. Nur ein kleiner Hirte, der das Ställchen entdeckt hatte, kam jetzt öfter vorbei. Er hatte nur zwei oder drei Schäfchen, die für die große Herde und die lange Wanderung noch zu klein waren. Solche Besuche fand der kleine Stall herrlich, wenn der Hirtenjunge ein Feuer machte, seine Gitarre stimmte und Lieder sang vom großen König und seinen großen Taten. Dann wusste er wieder, dass er noch Großes zu erwarten hatte. Was dem Stall weniger angenehm war, das waren die Bemühungen des kleinen Hirten, den Stall ein bisschen herzurichten. Oh, solche Tage, wo gefegt wurde oder seine schmutzigen Fenster geputzt werden mussten, die gingen immer viel zu langsam vorbei. Der kleine Hirte aber schien auch etwas von der Geburt des Königs zu ahnen. Wenn er morsche Bretter auswechseln musste oder undichte Stellen im Dach zu flicken hatte, dann war der kleine Hirte selbst sehr vorsichtig, weil das Ställchen schon zu wackeln schien, sah es ihn nur mit Hammer und Nägeln ankommen.

Und bei aller Mühe des kleinen Hirten – so fanden sie beide – war aus dem Stall noch kein Palast geworden. Was sie beide nicht genau beobachten konnten, das waren größere Umbauarbeiten, die in der Nacht, im Dunkeln vor sich gingen. Wie im Traum war es dem kleinen Stall manchmal, als würde unter seinen Füßen etwas Neues geschaffen; aber bei Tageslicht besehen, war er scheinbar immer noch der Alte. In solchen Momenten sah er jegliche Hoffnung schwinden, jemals auch nur irgendeinen König zu beherbergen, und große Traurigkeit fiel über ihn her wie die hereinbrechende Nacht. Er hatte doch nur noch den einen Besitzer, für den er schön sein wollte, den erwarteten König; und wollte der ihn überhaupt haben, wo er sich so gar nicht um ihn zu kümmern schien? Dann weinte der kleine Stall, und überhaupt ... er hatte nie geahnt, dass man als Stall so unglücklich sein konnte.

Einmal war es ihm, als hätte der König den Stall schon betreten, hatte er nicht seine Schritte vernommen? Doch er hatte wohl geträumt, der kleine Stall, am Morgen konnte er keine Spuren mehr finden in seinen vier Wänden. Ob sein Traum nun Wirklichkeit gewesen war – oder die Wirklichkeit, die er erlebte, ihm wie ein Traum erschien –, er, der kleine Stall in einem Winkel des großen Reiches, wollte von nun an nur noch Eigentum des Königs sein.

Dass sein König auch Feinde haben musste, das sollte ihm jetzt so recht deutlich werden, da er dem König gehörte. Im Frühling erlebte er starke Regenfälle, die ihm den Boden unter den Füßen wegzuschwemmen drohten. Im Sommer war es lange Zeit so heiß und trocken, dass ein Funke oder gar ein Blitz sein ausgetrocknetes Holz mit einem Mal hätte in Brand stecken können. Im Herbst pfiffen kalte Stürme durch sein Gebälk, und er hatte große Angst, das Dach könnte abgehoben und weggerissen werden. Und im Winter, wenn hoher Schnee ihn bedeckte und die Kälte ihm zu schaffen machte, da war er froh, wenn die Tiere seinen verschneiten

Eingang fanden und Schutz in seinem Inneren suchten. Ein kleiner Vogel, ein Reh, eine Maus und ein Häschen waren seine Wintergäste, die mit ihrem pulsierenden Leben auch ihn selbst wärmten. Im Frühling suchten seine Freunde wieder die Freiheit, aber sie erhielten die Freundschaft aufrecht und besuchten ihn ab und zu das Jahr hindurch. Auch der kleine Hirte war hin und wieder sein Gast. Andere Hirten kamen und gingen. Ein jeder legte Hand an den Stall und besserte die Witterungsschäden ein bisschen aus. Der kleine Stall wusste gar nicht, warum er das Wetter früher nicht so wahrgenommen hatte. Und manchmal war er so auf die Witterung konzentriert, dass er es vergaß, nach den Schritten des Königs am Tag und in der Nacht zu lauschen. Wie sollte er sie auch unterscheiden können, woher sollte er wissen, wie ein König aussah, wo er noch nie einen gesehen hatte? Der kleine Stall war des Wartens auf den großen König oft müde, dann war er über Kleinigkeiten traurig, über Besuche, die ausblieben, über Tiere, die nicht wiederkamen, über Wind und Wetter, über Gott und die Welt ...

Wie gut war es dann, wenn er von Zeit zu Zeit vom König erzählen hörte, auf den er ja warten wollte. Denn es gab auch Hirten, die dem König begegnet waren. Waren sie allein, mussten sie an ihrem Feuer den Sternen ein Lied von dieser Begegnung singen. Trafen sie am Stall mit anderen zusammen, dann konnten sie nicht schweigen, wenn vom König gesprochen wurde. Wenn diese Besucher auch selten waren, der kleine Stall hatte lange über das Gehörte nachzudenken. Inzwischen hatte er in der Einsamkeit auch die Sprache der Tiere erlernt und gehört, dass auch sie auf den König warteten. Es musste ein großes Fest werden, sollten sie alle es jemals erleben ...

Ein heller Stern erschien eines Nachts am Himmel und weckte den kleinen Stall, der gar nicht wusste, warum es vor seiner Tür so hell wurde. Ein unbekanntes Trippeln und leise Stimmen näherten sich von der Wiese her. Plötzlich steckte ein graues vierbeiniges Tier mit langen Ohren den Kopf durch die Tür. Der Stall staunte nicht schlecht. Erst recht, als ein junger Mann, ein Hirte vielleicht, den er noch nie gesehen hatte, ein junges Mädchen von dem Vierbeiner herunterhob und in den Stall führte. Viele Worte machte er nicht. Der Mann breitete eine Decke aus, das Mädchen legte sich darauf und zitterte noch vor Kälte.

Der Stall ärgerte sich einen Augenblick, dass er so kalt war und so dunkel, aber der Mann zündete ein Feuer an, und das Mädchen musste nicht mehr frieren. Was jetzt geschah, geschah so unheimlich schnell, dass der Stall noch in Ewigkeit darüber staunen wird. Das junge Mädchen bebte für eine Weile, legte sich zur Seite, und kurz darauf entfuhr einem dritten winzigen Wesen ein lauter und kräftiger Schrei. Der junge Mann musste sich hinsetzen, die junge Frau weinte vor Freude und Anstrengung, der Esel schnaubte vernehmlich. Das kleine Wesen wurde in eine Futterkrippe gelegt, die noch dastand mit etwas Stroh für die Wintergäste. Und endlich durchfuhr es den kleinen Stall bis in die Grundmauern: Ein Menschenkind war geboren, heute Nacht – in seinem Inneren! Hätte er ein Herz gehabt, vor Schreck und Freude wäre es sicher eine Sekunde stehen geblieben, und er hätte die Freudentränen der jungen Frau sicher mitgeweint. Das war «seine» Geburt! Konnte das möglich sein? Der Augenblick, den er so ersehnt hatte! Ein ganz kleines Kind von einfachen Leuten? Was war aus seinem König geworden? Waren das seine Eltern? Was musste mit ihnen auf der Reise geschehen sein, dass sie jetzt mit einem Esel und wenig Gepäck, ohne königliche Würden in dieser Nacht zu ihm kamen? Jetzt verstand er wieder nichts mehr, und er wäre ins Grübeln statt ins Staunen geraten, hätte er nicht plötzlich gespürt, wie er selbst so ganz anders geworden war, sodass er sich fast nicht wieder erkannte: Seine Wände glänzten hell und schön, sein Inneres war voll Licht, und eine wunderbare Wärme durchströmte den ganzen kleinen Raum. Es duftete herrlich, ein Wohlgeruch, der ihn noch nie erfüllt hatte, und der ganze Raum wiegte sich sanft zu einer noch nie gehörten Musik. «Seine» Geburt, sein Traum, jetzt war er Wirklichkeit geworden. Und die übertraf sein Träumen bei weitem …! «Die Nacht der Nächte!» – Und keine einzige Nacht tat dem kleinen Stall mehr Leid, in der er verlassen gewartet hatte, keinem Wetter war er mehr böse, gegen das er dicht gehalten hatte, keinem Hirten konnte er mehr grollen, der ihn ausgebessert hatte. Und bald kamen sie alle herbei, um die Nacht der Nächte mit ihm zu feiern, um im Staunen über das Kind die Nacht zu vergessen. Es gab im Stall keinen Zweifel mehr: Hier ist der Sohn des großen Königs zur Welt gekommen!

Nie wieder hat der kleine Stall diese Nacht vergessen können, in der er ganz hell geworden ist, und wenn du einmal auf deinem Weg einen kleinen Stall betrittst, der von innen her leuchtet, dann darfst du dich freuen, denn du hast einen Palast gefunden!

Helmut G. Grob

Engel vom Dienst

Es ist, verehrte Dame, mein Herr, ein oft schwieriges Unterfangen, allen gerecht zu werden. Im Umgang mit vorgesetzten Dienststellen kann sich die Frage, das Richtige zu tun, gelegentlich zu einer echten Katastrophe auswachsen, vielleicht aber auch durch Gottes unergründlicher Weisheit letztendlich ins Gegenteil verkehren.

Der Hilfsengel Sebastian wusste das noch nicht. Er war noch ein Neuling. Dagegen hatte der Engel zur besonderen Verwendung, Sankt Bastian, bereits große Erfahrung in diesen Dingen, denn aufgrund seines allgemein gehaltenen Einsatzgebiets war er stets überlastet.

Er knobelte gerade an einem diffizilen Auftrag. Er hatte die Voraussetzungen dafür zu schaffen, dass die Menschlein der Erde in absehbarer Zeit einen guten Sprung nach vorwärts taten, was die Evolution betraf. Er glaubte gerade, ein Zipfelchen der Idee dazu erwischt zu haben, als er telepathisch zum Erzengel Gabriel beordert wurde.

Mit einer gemurmelten Äußerung, die in Himmelskreisen schon hart einer schweren Sünde glich, versetzte er seinen Astralleib in Über-Lichtgeschwindigkeit und war kurz darauf an Ort und Stelle. Beinahe gleichzeitig mit dem schon genannten Hilfsengel, der den dringenden Rundumruf wegen der Namensähnlichkeit auf sich bezogen hatte.

Der Erzengel wartete bereits ungeduldig und ließ von Zeit zu Zeit sein Flammenschwert in einer schaurig-schönen Energiekaskade sprühen, was Sankt Bastian ein ungutes Gefühl in der Magengegend verschaffte. Zugleich aber hatte er einen blendenden Gedankenblitz, als er die blauen Energiezungen sprudeln sah. Er wusste plötzlich, wie er die Evolution vorantreiben konnte. Einfach mit dem Hilfsmittel elektrischer Energie! Und sein nimmermüder Geist begann bereits Einzelheiten auszuarbeiten, die zur Verwirklichung gut und gern zwei Jahrtausende beanspruchen würden. Er war also wie Staatsbeamte in einer Sonderlaufbahn aufs äußerste eingespannt und demnach weiteren Zumutungen abhold.

«Ich habe einen dringenden Auftrag», erklärte der Erzengel ungeduldig. Er schilderte kurz, dass eine Jungfrau namens

Maria in Galiläa von ihm höchstpersönlich verbal und auch mit Unterstützung durch den Heiligen Geist darauf vorbereitet worden war, Gottes Sohn zu gebären, und es nun notwendig wäre, die Angelegenheit sorgfältig zu überwachen. Und: «Keine Ausreden, bitte», womit er einleitete, wie er sich die Aktion vorgestellt und wer sie sofort zu übernehmen hatte. Dann drückte er Sankt Bastian einen himmlischen Kristall als Arbeitshilfe in die Hand und wandte sich mit einem aufmunternden Kopfnicken ab.

Mit einer letzten Lohe aus dem Flammenschwert entfernte sich der Vorgesetzte, ohne die anderen umherschwebenden guten Geister eines Blickes zu würdigen.

Sankt Bastian war sich noch nicht schlüssig, ob die für den Evolutionssprung benötigte Elektrizität zunächst aus der Kraft des Wassers zu gewinnen sei oder vielleicht gleich aus der Gewalt des Atoms, als ihn der Hilfsengel Sebastian am goldgesäumten Gewand zupfte.

«Ich mach das also», sagte er atemlos, und der Sankta blickte verdutzt auf ihn herab. Er war noch immer mit der Energie beschäftigt und hatte keinen Schimmer, wie der soeben erteilte Auftrag gelautet hatte, denn er hatte gar nicht zugehört. Noch bevor er sich der Schwere seines Vergehens richtig bewusst werden konnte, hatte sein sonderbeauftragtes Wesen bereits die ihm dargebotene Chance erkannt.

«Du hast alles mitbekommen, mein Lieber?»

«Jedes Wort. Es hörte sich beinahe so an, als wäre der Auftrag eigentlich für mich bestimmt. Denn heiße ich nicht Sebastian?»

«Diesen Namen habe ich auch verstanden, wenn ich mir den Rundruf richtig überlege. Da liegt sicher ein Übermittlungsfehler vor. Hier hast du den Kristall, du Günstling unseres Herrn, und nun schwirr ab und erledige prompt, was dir aufgetragen worden ist.»

Und also war ein Hilfsengel, noch feucht hinter den Ohren, von allerhöchster Seite mit der Aufgabe betraut worden, ein Ereignis von gewaltiger Tragweite in Lauf zu setzen, damit die Menschheit von der Last der Erbsünde befreit werden konnte.

Sebastian ging das Knäuel aus Problemen wie jeder gute Hilfssheriff von dort aus an, wo es am einfachsten war. Am Anfang. Er spulte den roten Faden aus Informationen ab und fand sich schließlich in dem Ort Nazareth wieder, wo der Verlobte besagten Objekts namens Maria ein Zimmerergeschäft betrieb. Was Sebastian da zu sehen bekam, ließ ihn pfeilgerade das Engelshaar zu Berge stehen. Das Haus war eine Bruchbude und der Vater, dem das Kind zur Vormundschaft anvertraut werden sollte, ein ungehobelter Bursche mit Händen groß wie Bratpfannen, der den armen Wurm schon bei der ersten Berührung zwangsläufig erwürgen musste.

Wie gut, dachte der himmlische Ordnungshüter, dass Gottvater *mich* mit dieser Aufgabe betraut hat, und schnappte sich einen Ochsentreiber, der gerade des Weges kam.

«Wie heißt der Chef dieser Region?», fragte er ihn, kurz angebunden und in der Gestalt eines Handlungsreisenden.

Der Mann zuckte die Schultern. «Wird wohl der Kaiser sein.»

«Welcher Kaiser?»

«Na, Augustus in Rom, der Liebling der Götter.»

«Der Liebling von was?», gab der Hilfsengel entrüstet zurück, ließ den Mann einfach stehen und befragte stattdessen seinen computergesteuerten Weltatlas, den er sich kraft des himmlischen Kristalls aus dem 20. Jahrhundert per Mausklick im Zeittransfer besorgt hatte, und schwirrte ab nach Italien oder Rom, was in diesem Fall dasselbe ist.

Kaiser Augustus wandelte gerade lust in einem seiner prachtvollen Gärten, als Sebastian eintraf. Der nahm die Gestalt eines Edelmannes an, wobei er aufgrund seines kristallinen Hilfsmittels in perfekter Weise ein Vermögen von einigen Millionen Sesterzen vortäuschte, und stellte den Diktator sofort zur Rede. In seiner Purpurtunika, von Goldfäden durchwirkt, schleuderte er dem Kaiser mit großer Geste den grollenden Vorwurf entgegen: «Du bist ein Knauser, du Wicht! Wie kannst du es wagen, ein Land im Dreck versinken zu lassen, in dem in kürzester Frist der Herr der Erde geboren werden soll. Rechtfertige dich!»

Augustus konnte, ohne mit der Wimper zu zucken, den Befehl geben, hunderttausend Gefangene hinzuschlachten, sodass der Zustand irgendeines Landstrichs ihm lächerlich unbedeutend vorkam.

Aber der Hilfsengel war nicht in Laune für eine längere Aussprache. Augustus hatte zwar sofort «Wache!» gebrüllt, sodass Sebastian gezwungen war, fünf ausgewachsene Prätorianer durch einen knappen Blick aus seinen himmlischen Pupillen flach in den Sand zu legen. Danach aber hörte sich der römische Besatzungsobere mit schreckgeweiteten Augen an, wie es der Eindringling in seine Gärten per Dekret haben wollte: einen Palast, presto, in fünf Monaten, Sklaven und griechische Ärzte im Dutzend und noch ein paar Kleinigkeiten, die er für die standesgemäße Ankunft des Sohnes seines Chefs für unerlässlich hielt. Dann ließ er noch wie ein bildliches Ausrufungszeichen durch einen Energieblitz den pur goldenen Pokal des Augustus zerschmelzen und entschwand.

Augustus handelte sofort. Als Fachmann setzte er auf mehrere Möglichkeiten. Er ordnete zwar den Bau eines Palastes in Galiläa innerhalb der nächsten fünf Jahre an, dachte aber nicht im Traum daran, eigenes Geld dafür zu verschwenden. So befahl er eine Volkszählung als Grundlage für eine saftige Zusatzsteuer, versetzte außerdem die 5. und 9. Legion in Alarmzustand, brachte den Geheimdienst auf Trab und sandte eine Depesche, worin er dem König Herodes besondere Wachsamkeit anriet. Betreffs eines Nachwuchskönigs der Juden auf seinem Territorium mit ungewissen Folgen für die Sicherheit Roms und seiner Götter.

Hilfsengel Sebastian seinerseits sah alles aufs beste geregelt. Er beschäftigte sich intensiv mit der Software aus dem 20. Jahrhundert, benutzte sein daraus gewonnenes Wissen zu allerlei spielerischen, energiegeladenen Experimenten und kehrte erst wieder nach Nazareth zurück, als ein im Lexikon ausgewiesener gewisser Weihnachtstag zum Greifen nahe war.

Er war eigentlich inzwischen als für Modernes Aufgeklärter mit weiteren bahnbrechenden Verbesserungen für das Projekt beschäftigt und arbeitete zum Beispiel daran, die namhaftesten Ärzte aus der Zeit seines im Zeitsprung ausgeliehenen Computers, zusammen mit modernstem Handwerkszeug wie Laser, Herz-Lungen-Maschine und Ähnlichem, zur Entbindung des weibl. Protegés seines Erzengels, nämlich der Jungfrau Maria, also zur Unterstützung des Geburtsvorgangs ins Land der Juden zu verpflanzen, und wollte deshalb nur flüchtig den Baufortschritt des angeordneten Palastes überprüfen – da fand er das Land in einem Zustand vor, der an die Völkerwanderung erinnerte. Alle waren zu einer Volkszählung auf den Beinen, von der ihn niemand informiert hatte, und der Zimmermann Josef mitsamt der Jungfrau verschwunden.

Beinahe hätte der Engel vor Schreck den himmlischen Kristall fallen lassen. Durch eine blitzschnell eingeleitete Rückfrage beim himmlischen Geheimdienst erfuhr er, dass Maria mit dem Mann auf einem Esel genau in diesem Augenblick Bethlehem erreicht hatte, und schwirrte sofort dorthin ab. Sein fein ausgeklügeltes Konzept war völlig durcheinander geraten.

Der Angstschweiß wäre ihm ausgebrochen, falls dies technisch möglich gewesen wäre, als er dort das Paar auf vergeblicher Zimmersuche fand. Er sah sie schon mit seinem geistigen Auge im Straßengraben liegen, umgeben von Räubern, Schakalen und einem dunklen Schicksal, einschließlich des Teufels, der sich vor Vergnügen die Hände rieb.

Sebastian berechnete den wahrscheinlichen Weg der beiden, den sie nehmen mussten, um die proppenvolle Stadt wieder zu verlassen, und versuchte jetzt, eine standesgemäße Herberge mittels seines himmlischen Kristalls aus dem Nichts zu erschaffen, was ihm allerdings völlig misslang.

Da kam ihm die rettende Idee. War es nicht möglich gewesen, sich selbst in einen Handlungsreisenden und einen reichen Patrizier umzugestalten? Konnte er etwas Ähnliches nicht ebenfalls schaffen, indem er sich in ein seiner Prächtigkeit angemessenes Gebäude verwandelte?

Der Hilfsengel presste den himmlischen Kristall fest an den körperlosen Leib und konzentrierte sich voll auf seinen Wunsch. Er schloss die Augen und spürte, wie sich sein Wesen erweiterte, der ätherische Stoff seiner Plasma-Existenz zu Atomen und dann Molekülen der verschiedensten Bauart verdichtete, wurde auseinander gezerrt und gedehnt, zusammengepresst und gealtert und kam endlich mit einem bedenklichen Ächzen zur Ruhe.

«Oh! Schau nur, Josef! Hier steht ein Stall! Hier könnten wir uns ausruhen. Dieser Platz ist so gut wie jeder andere. Auch für die Geburt.»

«Und wir haben Stroh zum Daraufliegen», antwortete eine Männerstimme. «Und es ist ruhig und warm. Und da gibt es auch Wasser, hier daneben, in diesem Brunnen da. Wir könnten uns Feuer machen und wärmen. Und dort ...»

Der Hilfsengel Sebastian öffnete die Augen. Er erkannte in Umrissen ein windschiefes Gebäude aus Balken und wurmangenagten Brettern – halt einen ganz ordinären, schon ziemlich vergammelten Stall. Und er erkannte weiterhin, dass er dies selber war.

Er befand sich zwar wolkengleich über dem lächerlichen Bauwerk, gleichzeitig aber in ihm selbst, in jedem Winkel, in jedem Strohhalm, in den schmutzverkrusteten Spinnweben genauso wie in der roh zusammengezimmerten Krippe. Und die drei Menschen waren ebenfalls in ihm. Er bot ihnen Schutz und Sicherheit mit seinem eigenen himmlischen Leib.

Er fühlte in sich nicht nur Maria und Josef, sondern noch ein drittes Leben, ein noch ungeborenes menschliches Wesen aus Fleisch und Blut. Er spürte, ebenso wie die Frau, wie es sich bewegte und regte. Und er vernahm ganz leicht und fein das schwache, aber regelmäßige Klopfen seines Herzens.

Und er erlebte den Vorgang der Geburt. Er selbst war von wirrem Taumel erfüllt, rote Feuerräder durchwirbelten ihn. Dazwischen aber Schmerzen und Angst und Not. Er zwang sich, völlig ruhig zu sein und diese Ruhe auf die Frau und das Kind zu übertragen. Bereitwillig nahm er alle Schmerzen in sich auf und fügte sie seiner eigenen Existenz mit bei, um das Erleiden der Frau zu erleichtern.

Als das Kind in diese irdische Welt hinaustrat, war ihm, als würde ebendiese Welt in Jubel ausbrechen, und er jubilierte mit ihr, und es gelang ihm, Verbindung zu anderen himmlischen Hilfsgeistern aufzunehmen und sie herbeizurufen, damit sie an all diesem Glück teilnehmen konnten.

Zugleich aber erwuchs ihm wieder sein Sinn für Praktisches. Er setzte einen Rundspruch ab, nach dem die menschliche Umgebung an diesem Ort vom Geschehnis sofort zu verständigen sei, damit auch die Menschen herbeieilen konnten zu diesem freudigen Ereignis.

Und sie kamen.

Es waren Hirten, die Geschenke brachten und sich auch sonst nützlich machten. Einer hatte einen Wolfshund dabei. Der knurrte bösartig und starrte mit funkelnden grünen Augen zu dem Kind hinüber. Als er sich mit steifen Schritten zu nähern begann, konzentrierte sich Sebastian mit äußerster Anspannung auf sich selbst. Mit Hilfe des himmlischen Kristalls gelang es ihm, einen kleinen Teil seiner selbst in eine Hasenkeule zu verwandeln, und warf sich damit praktisch selber dem Vieh zum Fraße vor. Aber das Tier wandte sich ab und lief davon.

So verfehlte er sein ursprüngliches, hoch gestecktes Ziel der Überwachung einer standesgemäßen Niederkunft vollkommen. Er hatte zwar eine Notlösung arrangiert, die aber sicher nicht so vom Erzengel Gabriel beabsichtigt gewesen war.

Trotzdem bedauerte er nicht, für den Sanktus eingesprungen zu sein, wenn ihm jetzt auch allerhand Ungemach ins Haus stehen würde. Denn die Obrigkeit versteht keinen Spaß.

Seltsamerweise hatte sich seit der Geburt des Kindes – das jetzt frisch gewickelt in ihm schlief – sein Horizont beträchtlich verändert, was er zuerst auf den ausgeborgten Computer schob. Mit jedem Herzschlag, den das Kind tat, war er in der Lage, mehr von der unendlichen Herrlichkeit Gottes zu erkennen. Er wusste jetzt, sie war so gewaltig, dass er bis zum Ende aller Tage damit beschäftigt gewesen wäre, bis in die entferntesten Winkel der Gedanken und Ereignisse zu kriechen. So nahm er zum Beispiel den Dienstvorgesetzten Gabriel in einer einwandfreien 3-D-Vision wahr, der äußerst zufrieden zu sein schien. Er unterhielt sich beinahe freundschaftlich mit Sankt Bastian und dankte ihm, dass er dafür gesorgt habe, damit nichts den vorbestimmten Ablauf des Geschehens störte.

Dies war im höchsten Maße ungerecht. Während der Sanktus wieder zu seinen mathematischen Berechnungen zurückeilte, sagte eine Stimme in ihm: «Du hast deine Sache gut gemacht, mein kleiner Freund.»

Sebastian wurde vor Verlegenheit über und über rot, was sich darin ausdrückte, dass der Stall mit der Krippe eine Farbe wie altes Mahagoni annahm.

«Nein, nein! Was Recht ist, muss Recht bleiben.»

«Eigentlich war ich nur vorlaut», antwortete der Hilfsengel dem unbekannten Sprecher. «Aber dass ich der Jungfrau Maria zum Schluss wirklich helfen konnte, war ein sehr gutes Erlebnis. Meinst du nicht auch?»

«Gute Erlebnisse sind die Würze in der Suppe des Lebens. Aber man muss etwas tun, um sie sich zu verdienen. Hättest du kein Interesse an einer interessanten und verantwortungsvollen Tätigkeit im Himmel?»

«Das schon», gab Sebastian zögernd zu. Wenn er allerdings an seinen Erzengel dachte, sah die Lage wenig rosig aus.

«Wie ich gehört habe, soll demnächst eine neue Truppe von Engeln aufgestellt werden. Sie heißen Schutzengel und werden sich sicherlich einen guten Platz im Herzen der Menschen erobern. Der Posten des Vorstands ist da noch frei.»

«Mit Feuerschwert und so?», erkundigte sich Sebastian sofort.

«Nein. Es ist eigentlich mehr an das sanfte Streicheln der Liebe gedacht, das die Mitglieder dieser Truppe auszeichnet. Und jeder Engel ist dem anderen in Aussehen und Bedeutung gleich. Ihre Gestalt wird jedem zur Freude werden.»

Sebastian seufzte. «Im Augenblick sehe ich schrecklich aus. Schlimmer als eine alte Feldscheune.»

Dann schwieg er.

«Ich hätte gerne, dass *du* mein persönlicher Schutzengel sein wirst in den nächsten knapp dreißig Jahren», ließ sich die Stimme wieder vernehmen.

«Das lässt sich machen», meinte Sebastian schließlich nach kurzem Nachdenken und schaltete ohne weitere Erkundigungen zu einem Dämmerstündchen ab. Er wusste zwar nicht so recht, mit wem er sich gerade unterhalten hatte. Er glaubte beinahe, dass sein Gesprächspartner das von allen himmlischen Mächten umsorgte Kind in der Krippe gewesen sein könnte. Dass es sich bei diesem körperlich kleinen Wesen aber um eine jenseits aller irdischen Beschränktheit liegenden Persönlichkeit handeln musste, war ihm jedenfalls sonnenklar.

Doch solche Feinheiten sind nicht wichtig für jemanden, der grundsätzlich entschlossen ist, stets sein Bestes zu tun. Gleich, um wen oder was es sich dabei handeln mag.

Außerdem hatte er den unbestimmten Eindruck, dass er für die nächste Zeit mit seinen Kräften haushalten sollte.

Dass seine Aufgabe als privilegierter Schutzengel gegen alle Anfeindungen und Nöte seines Herrn ihn ständig auf Trab halten würde, sagte Sebastian bereits sein fein ausgebildeter engelhafter Instinkt.

Aber niemand weiß in Wirklichkeit, was die Zukunft tatsächlich bringt. Nicht einmal ein von allerhöchster Stelle beförderter Hilfsengel.

Elisabeth Hastetter

Sechs Fussstapfen im Schnee

Noch mit geschlossenen Augen räkele ich mich im Bett. Erst einmal die Gedanken sortieren. Wo war ich eigentlich? Ach ja, ich habe mir ja den Resturlaub genommen und bin spontan in das Mittelgebirge gefahren. Bei der alten Dame war ich gut untergekommen und fühle mich rundum wohl. Langsam, sehr langsam mache ich die Augen auf, es ist schon sehr hell im Zimmer, obwohl die Jalousien noch halb geschlossen sind. Nochmals räkeln und raus aus den Federn. Ich ziehe die Jalousien hoch und schaue in eine wunderschöne, atemberaubende Schneelandschaft. Die Sonne kommt eben über dem gegenüberliegenden Berg hoch, und es glitzert, dass die Augen fast schmerzen. Nein, bei diesem herrlichen Winterwetter wollte ich nicht im Bett liegen bleiben. Schnell eine Katzenwäsche und rein in die warmen Klamotten. Leise schleiche ich mich aus dem Haus, um niemanden zu stören. Der Weg, den ich gestern gegangen bin, ist sehr schön, aber bei diesem Winterwetter muss es im Wiesengrund noch viel schöner sein. Also mache ich mich in diese Richtung auf.

An der Wegkreuzung stutze ich. Hier sind sechs Fußstapfen im frischen Schnee, zwei kleine Menschenschuhe haben hier ihre Spuren hinterlassen und daneben vier Pfotenabdrücke eines etwas größeren Hundes. Also war ich nicht die Erste, die es an diesem schönen Morgen hinausgezogen hatte. Aber irgendwie ist es doch merkwürdig, ringsum keine Fußspuren von einem Erwachsenen. Etwas beunruhigt gehe ich diesen Zeichen nach. Langsam schlängeln sie sich in den Wiesengrund hinein. Schon längst sehe ich nicht mehr auf die Schönheiten ringsum. Immer kleiner werden die Abstände zwischen den beiden Füßchen. Da war sicher jemand müde geworden. O ja, nun war eine kleine Kuhle im Schnee, als hätte hier jemand gesessen. Die Fußspuren des Hundes drehten sich im Kreis um diese Kuhle. Das Kind musste sich wohl wieder aufgerappelt haben. Nun war noch eine kleine Schleifspur neben diesen sechs Fußstapfen, was dies wohl war? Nach etwa zweihundert Metern wieder eine Kuhle. Das Kind war wohl sehr müde und hatte sich wiederum hingesetzt. Meine Augen suchen den Weg ab. Da vorne liegt doch etwas. Unwillkürlich klopft mein Herz einen anderen Rhythmus, und die Füße werden schneller. Enttäuscht bücke ich mich, denn hier liegt nur ein kleiner brauner Teddybär. Dennoch bin ich noch mehr beunruhigt. Plötzlich scheinen die Schritte zu schwanken, und wie vom Erdboden verschwunden sind plötzlich keine Fußabdrücke mehr zu sehen. Ratlos schaue ich mich um. Hier unter den Bäumen liegt noch kein Schnee. Nur hierhin kann das Kind verschwunden sein. Vorsichtig und in alle Richtungen blickend, gehe ich in den Wald hinein. Plötzlich, was ist das, ich höre ein ganz leises Winseln. Diesem Laut muss ich nachgehen. Unter einer Fichte liegt zusammengerollt ein Schlittenhund, ein Husky, seine vier Beine hat er um ein kleines Menschlein geschlungen und drückt dieses ganz fest an seinen Bauch. Das Kind schläft. Die hellblauen Augen des Hundes schauen mich, wie mir scheint, erst abschätzend, dann fragend und anschließend bittend an. Leise spreche ich auf den Hund ein. Er versteht wohl, dass ich helfen möchte. Als ich das Kind anfasse, gibt er es freiwillig mit einem kleinen Seufzer frei. Es scheint mir, als wäre er froh, die Verantwortung abgeben zu können.

Erst einmal ziehe ich meine Jacke aus und wickele sie um das Kind. Es regt sich, die hellen Augenlider flattern leicht, und mich schauen zwei rehbraune Augen an. «Bist du das Christkind?», fragt mich eine leise, schwankende, verschlafene Kinderstimme. Ach, Schätzlein, denke ich, es tut mir ja so Leid, dass ich nicht das Christkind bin, laut sage ich aber, dass dieses leider nicht so ist und dass das Christkind doch erst am Weihnachtsabend kommt. Nun möchte ich aber doch wissen, was der kleine Kerl, der mir gesagt hatte, dass er Jens heißt, denn am frühen Morgen hier im Wald wollte. «Ich suche den Regenbogen.» «Den Regenbogen?», frage ich. «Im Winter gibt es keinen Regenbogen.» «Aber ich habe hier schon einmal einen Regenbogen gesehen», beharrt der Kleine. «Ich muss den Regenbogen finden, denn der Regenbogen ist die Straße zum Christkind. Ich weiß, dass ich auf der rosafarbenen Straße gehen muss. Ich muss dem Christkind noch etwas sehr Wichtiges sagen.» «Was denn?», will ich wissen. «Ich muss ihm sagen, dass wir uns ganz, ganz dringend ein kleines Brüderchen oder Schwesterchen wünschen.»

Es tut mir zwar Leid, aber ich muss dem kleinen Jens ja sagen, dass das Christkind nur ganz, ganz selten zu Weihnachten Brüder oder Schwestern bringt.

Kleine Tränchen rollen Jens über die Wangen. Ich frage ihn, ob er mir denn schon sagen könne, wo er wohnt. Ich möchte ihn erst einmal zu seinen Eltern bringen. Es kostet einige Überzeugungsarbeit, denn Jens möchte zuerst ganz dringend zum Christkind. Nachdem er mir dann doch endlich seine Adresse ins Ohr geflüstert hat, nehme ich ihn fest in meine Arme. Der Weg zurück wird mir recht lang, denn so leicht, wie der Kleine zunächst aussah, ist er denn doch nicht. Ich schätze ihn auf etwa drei bis vier Jahre. Bei der angegebenen Adresse angekommen, zeigt mir Jens, auf welchen Klingelknopf ich drücken muss. Schon öffnet sich die Tür. «Eine gute Fee bringt unser Kind», ruft jemand. Ein Mann und eine Frau stürzen uns entgegen. Jens, mein Jens, mein Kleiner, ruft die Frau, und ich nehme an, dass es die Mutter ist. Sie reißt ihn mir förmlich aus den Armen. Schnell bitte ich sie, den kleinen Jens nicht auszuschimpfen, da er nur noch etwas Dringendes dem Christkind hatte mitteilen wollen, und den Hund nicht zu tadeln, da dieser sehr auf das Kind geachtet hatte. Alle Nachbarn stehen um uns herum. Sie hatten sich ja auch große Sorgen gemacht, nachdem die Eltern an jeder Tür geklopft hatten und den Kleinen suchten. Die Mutter ist mit ihrem Kind beschäftigt, der Vater streichelt den Hund, und ich verlasse langsam und unbemerkt das Haus. Irgendwie berührt es mich, eine gute Fee genannt worden zu sein.

Nun gehe ich zurück in meine Bleibe. Ich mache mich fertig und setzte mich an den liebevoll gedeckten Frühstückstisch. Irgendwie bringe ich es jedoch nicht übers Herz, mit meiner Wirtin über das Erlebte zu sprechen. Es sollte mein Wintermärchen bleiben. Ich erzähle nur, dass ich bei dem herrlichen Wintermorgen einfach nicht in den Federn habe bleiben können.

Inzwischen sind zwölf oder vierzehn Jahre vergangen. Wir wohnen am Rande eines Mittelgebirges. Draußen sind die Bäume mit Schnee überzuckert. Es ist ein herrlicher Winterabend im Advent, und ich sitze mit meinen Kindern und deren Freunden beim Kaffee. Wir hatten musiziert, und nun schmeckt allen der Kuchen und die ersten Weihnachtsplätzchen. Es riecht nach Zimt und Glühwein.

Ich gehe in die Küche und lasse die jungen Leute alleine. Man muss ja nicht immer die Nase in die Geheimnisse der Jugend stecken. Um den Adventssonntag noch mit etwas Besonderem abzurunden, mache ich für alle Bratäpfel. Die Äpfel schön auf einer Platte angerichtet, betrete ich nochmals das Wohnzimmer.

«Eine gute Fee hat meinen Wunsch erfüllt», ruft ein junges Mädchen. «Eben dachte ich, dass jetzt ein Bratapfel was ganz Tolles wäre.» Wie angewurzelt bleibe ich stehen: «Eine gute

Fee?», frage ich und werde nachdenklich. Da war doch was? Ach, ja. Ich habe lange nicht an das damalige Weihnachtsmärchen gedacht, aber das Wort ‹Gute Fee› erinnert mich an jenen Wintermorgen mit den sechs Fußstapfen im Schnee. Ich spüre förmlich die kalte Winterluft in der Nase. Viele Augen blicken mich an. «Mama, was ist?», fragt mich meine Tochter besorgt. Ich entschuldige mich und sage, dass mir der Satz von Tanja gerade eine Geschichte in Erinnerung gebracht habe. «Eine Geschichte?», fragen die Kinder. Obwohl sie alle, die hier sitzen, bereits um die 14 Jahre jung sind, sind sie doch neugierig auf eine Geschichte. Nein, eigentlich war es keine Geschichte, es war ja richtig erlebt. Nun soll ich erst recht erzählen. Zunächst sträube ich mich, denn eigentlich war es ja nichts Besonderes gewesen, dass ich den Kleinen nach Hause gebracht hatte. Meine Erzählung könnte als Prahlerei aufgefasst werden. Aber dann erzähle ich doch.

Als ich mit der Geschichte ende, sagt plötzlich ein sehr hoch gewachsener Junge, der nachdenklich seine Füße anschaut: «Ja, so kleine Füße wie damals habe ich nun ja nicht mehr, jedoch haben wir immer noch Huskys, wenn auch nicht mehr meine gute alte Bessi, die damals so gut auf mich aufpasste und so toll gewärmt hat. Endlich weiß ich, wie diese Geschichte wirklich war. Aber eine Schwester habe ich im Sommer nach diesem Heiligen Abend doch bekommen. Da steht sie, unsere Tanja, sie ist inzwischen ganz schön groß und ein wenig kess geworden.» Alle lachen, und die etwas nachdenkliche Stimmung ist verflogen. Und das ist gut so.

Irma Mügge

Irrlichter

Es war im kalten, regnerischen Dezember. Nichts deutete auf eine weiße Weihnacht hin. Dichte Nebelschwaden zogen über die feuchten Wiesen. «Muss es ausgerechnet heute so neblig sein?», dachte Irene. Sie wusste, dass der Nebel im Moor seine Tücken hatte. Doch ihr Plan stand fest. Sie wollte Weihnachten zu Hause sein. Im Schutz der Dunkelheit wollte sie mit ihrer Schwester Gerda über die Grenze.

Waren sie doch zwei Weihnachten nicht zu Hause gewesen. Zu Hause – wo war das? Es war immer noch da, wo Eltern, Geschwister und Freunde lebten. Und die wollten sie wiedersehen. Doch von ihnen trennte sie eine streng bewachte Grenze zwischen Ost- und Westdeutschland.

Jeden Tag fuhr ein Bus nach Saalsdorf. Von dort waren es nur knapp drei Kilometer Fußweg bis zur Grenze. Irene kannte den Grenzweg. Sie war ihn schon einmal gegangen und hatte sich jeden Weg und Steg in Gedanken genau eingeprägt.

Irene und Gerda standen mit einer Menge anderer Fahrgäste an einer Bushaltestelle. Endlich hielt ein alter, klappriger Bus an; ein Überbleibsel aus den letzten Kriegstagen. Der Fahrer lehnte sich aus dem Fenster und fragte: «Seid ihr alle Grenzgänger? Dann steigt ein.» Eine Menschentraube drängte in den Bus. Im Nu war er überfüllt von Menschen, Koffern, Kartons, Taschen und Rucksäcken.

Sie traten sich gegenseitig auf die Füße und rempelten sich an. Es war ein heilloses Durcheinander. Der Fahrer schloss die Tür und rief: «Ich kann niemand mehr mitnehmen. Der Bus ist schon überfüllt.» Eine Menge meuternder Menschen drängte noch nach. «Seid vernünftig, Leute», bat der Fahrer, der dieses Drama jeden Tag erlebte. «Morgen fährt wieder ein Bus», rief er den Zurückgebliebenen zu und fuhr ab. Irene und Gerda waren froh, dass sie noch in letzter Minute einsteigen konnten. Die Fahrt ging über ausgefahrene Straßen mit Schlaglöchern und holprigem Kopfsteinpflaster. «Wenn wir nur heil in Saalsdorf ankommen», dachte Irene. Die zwei Kilometer Fußweg bis zur Grenze wären dann kein Problem mehr.

Die deutschen Grenzposten würden sie für eine Stange amerikanischer Zigaretten und ein paar Salzheringe schon durchlassen. So war es geplant. Für Zigaretten und Salzheringe konnte man damals fast alles bekommen; und die trug sie in ihrem Rucksack gut verpackt bei sich. Doch es kam alles ganz anders. Mit Mühe und Not erreichte der Bus Saalsdorf. «Alles aussteigen. Endstation!», rief der Fahrer. Doch so einfach war das nicht mit dem Aussteigen. Die vielen Gepäckstücke lagen völlig durcheinander. Jeder suchte nach seinen Habseligkeiten. Die Dunkelheit hatte eingesetzt und erschwerte die Sucherei. «Nur gut, dass ich meinen Rucksack auf dem Rücken habe», dachte Irene und bewegte sich dem Ausgang zu, wo Gerda wartete. Zuversichtlich traten beide den Fußmarsch an. Mit der Dunkelheit verdichtete sich der Nebel, und es war weder Baum noch Strauch am Straßenrand zu erkennen.

«Eigentlich müssten wir schon am Kiefernwäldchen sein», dachte Irene. Dahinter wäre dann gleich die Brücke, die über die Aller führte. Der Fluss bildete hier die Grenze. So hatte sie es in Erinnerung. Waren sie vom Weg abgekommen? Irene wurde immer unsicherer. Nur gut, dass Gerda ihr keine Vorwürfe machte. Warum auch, es würde ihre Lage nicht verbessern. Alle Grenzgeschichten, die Irene bisher gehört hatte, kamen ihr wieder in den Sinn. Wenn sie nun den Russen in die Hände fielen? Und vom Schießbefehl hatten sie auch schon gehört. Wer weiß, wo sie dann Weihnachten sein würden?

Schweigend stapften die Mädchen durch die Dunkelheit. Vom Nebel genarrt, hatten sie die Orientierung verloren.

Die Rucksäcke wurden immer schwerer, und die Füße schmerzten. Von fern war Hundegebell zu hören, sonst Totenstille. «Es ist mir egal, wo wir landen. Nur nicht im Moor versinken», murrte Gerda etwas mutlos. Bisher hatte sie geschwiegen und sich willig ihrer Schwester anvertraut. Doch nun wurde auch sie ungeduldig. Plötzlich fiel Irene über einen Drahtzaun. «Pass doch auf, das ist vielleicht Alarmdraht, und wir stehen bald im Scheinwerferlicht. Dann fröhliche Weihnachten», fuhr Gerda ihre Schwester an. Doch nichts geschah, und die Mädchen stapften weiter ins Ungewisse. Ab und zu knackten trockene Äste, und welkes Laub raschelte unter ihren Füßen. Ein kleines Licht blinkte in der Ferne immer wieder auf. «Da, wieder ein Licht», flüsterte Irene. «Wo? Ich sehe nichts, das sind wohl Irrlichter», antwortete Gerda. «Kein Wunder, dass wir schon Gespenster sehen. Immerhin irren wir schon stundenlang herum.»

Noch bevor sie sich einig werden konnten, ob es nun Licht oder Irrlichter waren, flammte wieder Licht auf. «Da, die Brücke, wir sind da, wir haben es geschafft.» Irene stieß einen Freudenschrei aus. Doch dann ließ ein Ruf sie beide vor Schreck erstarren. «Stoj, stoj, dawaj, dawaj», und schon waren die Mädchen von mehreren russischen Grenzposten umringt. Die Russen brachen in hämisches Gelächter aus und verströmten einen penetranten Geruch von Machorka, Schweiß und Wodka. Die Mädchen blieben stumm vor Angst und Entsetzen. Ein Russe befahl: «Kommandantura dawaj, dawaj.» Sie führten die Mädchen auf einen Gutshof. Mehrere Scheinwerfer leuchteten auf. Zwei Russen brachten Irene und Gerda in ein Gebäude, worin sich die Kommandantur befand. Eine Horde Russen grölte und tanzte auf dem Hof. Sie waren offensichtlich angetrunken. «Das kann ja heiter werden», sagte Irene. «Eine Horde Russen und zwei Mädchen, da wird wohl unser Stündchen geschlagen haben.» «Sei still und quatsch nicht», schimpfte Gerda.

In einem total überheizten Raum saß ein gepflegter russischer Offizier. Vor ihm stand ein großer eichener Schreibtisch, der fast den ganzen Raum einnahm. Ein Aschenbecher quoll über von Kippen russischer Papirossi. «Ich bin der Kommandant», stellte der Offizier sich vor und sah die Mädchen nachdenklich an.

Zwei Russen standen ungeduldig an der Tür und machten alberne Bemerkungen. Mit einem barschen Ton befahl der Kommandant ihnen, den Raum zu verlassen. Dann begann er, die Mädchen zu verhören; woher sie kamen, wohin sie wollten und warum und wer weiß was alles.

Nach schier endlosen Fragen und Antworten sperrte er die Schwestern in einen Keller. Hier war es zwar kalt und dunkel, doch sie fühlten sich hier etwas in Sicherheit. Bange Stunden verharrten Irene und Gerda auf den kalten Steinstufen des feuchten Kellers. «Ob hier wohl Ratten sind?», fragte Irene, die eine Weile geschwiegen hatte und mit eigenen Gedanken beschäftigt war. «Ratten, wieso? Ich glaube nicht», tröstete Gerda ihre Schwester. «Vor Ratten habe ich keine Angst, aber vor den betrunkenen Russen; die könnten uns gefährlich werden.»

Plötzlich öffnete sich die Kellertür, und der Kommandant holte Gerda und Irene wieder aus ihrem dunklen Verließ. Ihre Gepäckstücke lagen noch unberührt vor dem Schreibtisch. Immer wieder musterte der Kommandant die Mädchen von allen Seiten, blieb schließlich vor Irene stehen und fragte: «Wie alt? Wie Name?» «Ich bin 18 und heiße Irene», gab sie mit zitternder Stimme zur Antwort. Der Kommandant nahm ihr das Kopftuch ab, das sie bei seiner Musterung tiefer ins Gesicht gezogen hatte, und sagte: «Du karascho.» Für Irene stand fest, sie gefiel ihm. «Was hat er bloß vor?», fragte sie ihre Schwester, die schweigend dasaß.

Doch dann gab der Kommandant ihr das Kopftuch zurück und befahl: «Gehen deutsche Kommandantura.» Die Mädchen nahmen ihre Gepäckstücke, Irene setzte ihren Rucksack mit den Heringen auf, und so führte der Kommandant die Mädchen höchstpersönlich ab. Bei den angetrunkenen Russen, die immer noch auf dem Hof tanzten und sangen, wurde Enttäuschung laut. Sie riefen ihrem Offizier unliebsame Worte nach.

Als er mit den Mädchen außer Sichtweite der Russen war, nahm er Irene den Rucksack ab und trug ihn selbst. Bis zum Ortsausgang begleitete er die Mädchen und zeigte ihnen den Weg zur nächsten Bahnstation. Dann verabschiedete er sich mit einer freundlichen Geste.

Am 24. Dezember, um 8.00 Uhr in der Frühe, erreichten Irene und Gerda ihr Dorf. Die Lake der Salzheringe tropfte aus dem Rucksack, und die Zigaretten waren durchgeweicht, aber sie waren endlich zu Hause, und Weihnachten wurde ein richtig schönes Familienfest.

Uwe Fittkau

Ambrosius in Not

Das war in diesem Jahr wieder eine Aufregung in der himmlischen Weihnachtswerkstatt. Eigentlich war das in jedem Jahr so. – Doch von einem Weihnachtsfest zum nächsten war das alles meist wieder vergessen. – Und wie immer nahm man sich vor: «Im nächsten Jahr wird das alles anders und besser gemacht.»

Aber wie immer hatte sich auch in diesem Jahr nichts geändert. Alle liefen durcheinander. Hier fehlte die Farbe für das Spielzeug, dort das Haar für die Puppen. Die Batterien, die für das elektrische Spielzeug ganz dringend benötigt werden, waren alle. – Und was sollen die Kinder schon mit einem Spielzeug, das nicht so richtig funktioniert, weil die Batterien fehlen.

Überall liefen die Obergehilfen mit ihren Schreibblöcken herum und schrieben auf, was unbedingt noch besorgt werden musste. Sie schickten dann schnell Helfer auf die Erde, um das Fehlende einzukaufen. Manche kamen unverrichteter Dinge zurück, weil auf der Erde auch schon so manches knapp geworden war. Die Obergehilfen waren in solchen Fällen aber ganz furchtbar streng und schickten die Helfer wieder zurück. Sie sagten: «Und – dass ihr mir ja nicht ohne die wichtigen Sachen zurückkommt. Wir wollen uns doch in diesem Jahr nicht verspäten oder gar Kinder enttäuschen!»

Nur der alte Ambrosius, der schon lange in der Weihnachtswerkstatt arbeitete, war recht gelassen, weil es bisher in jedem Jahr so gewesen war. Außerdem war er eigentlich auch nur für das Beladen der Schlitten und für den guten Zustand der Pferde verantwortlich. Und, mit dieser Arbeit hatte es ja nun wirklich noch bis zum vierten Advent Zeit.

Am Mittwoch vor dem vierten Advent begann er dann mit seiner Hauptarbeit. Natürlich hatte auch er Helfer. Aber was sind schon Helfer, wenn man selbst für alles verantwortlich ist.

Die Pferde mussten gut gefüttert werden, damit sie die lange Reise zur Erde auch gut schaffen konnten, denn unterwegs war wenig Zeit für eine Rast. Sie mussten sauber geputzt werden, damit sie auf ihrem Weg auch einen guten Eindruck machten, falls es doch einmal Menschen schaffen sollten, sie zu sehen. Die Decken für den Rücken mussten gereinigt und geflickt werden, damit die Pferde nicht froren. Die Schlitten mussten gründlich überprüft werden, damit es möglichst keine Pannen gab. So viele Dinge waren zu beachten, dass allen fast schwindelig werden konnte.

Jetzt kam Ambrosius doch ein wenig ins Schwitzen, und – wie in jedem Jahr – nahm auch er sich vor: «Ambrosius, im nächsten Jahr fängst du mit deiner Arbeit etwas früher an.» Aber gute Vorsätze sind wohl das Erste, was schnell vergessen wird, wenn man seine Arbeit dann doch geschafft hat.

Pünktlich am Samstag vor dem vierten Advent stand dann alles bereit. Die Schlitten waren beladen. Alles war fest verzurrt, damit nichts herunterfallen konnte. Die Listen für die Lieferungen waren geschrieben und lagen auf jedem Schlitten bereit. Nur die Pferde durften sich noch ein wenig ausruhen, denn sie wurden ja erst kurz vor der Abreise angespannt.

Ambrosius lehnte sich nach all seiner Arbeit in seinem Sessel zurück, zündete sich seine Pfeife an und schlummerte langsam ein. Alle, die vorbeikamen, schmunzelten und waren ganz leise. Sie hatten den alten Ambrosius gern, weil er immer so gemütlich und freundlich war.

Am frühen Morgen des vierten Advent wurde er dann jedoch recht unsanft von seinen Helfern geweckt: «Ambrosius, Ambrosius, komm schnell. Alle Pferde sind verschwunden. Wir haben sie schon gesucht, aber wir konnten sie nicht finden.» Ambrosius dachte zunächst an einen Scherz, weil er sich das nicht vorstellen konnte. Hellwach wurde er jedoch, als er die leere Weide sah. Das durfte doch nicht wahr sein. Auf den himmlischen Wiesen gab es doch keine Pferdediebe? Schnell ging er zum heiligen Petrus. «Du hast doch ein großes Fernrohr, mit dem du alles im Himmel und auf der Erde sehen kannst. Meine Pferde sind weg, und wir können sie nicht finden.» Ungläubig schaute der heilige Petrus ihn an. Für Scherze war er so kurz vor dem heiligen Weihnachtsfest denn nun auch nicht zu haben. Als er aber in das hilflose und ängstliche Gesicht von Ambrosius schaute, begriff er doch, dass dies die Wahrheit sein musste. Schnell wischte er seinen Ärger aus dem Gesicht und brummte: «Na, da wollen wir doch einmal schauen, ob wir etwas entdecken können.» Petrus schaute angestrengt in die Runde. «Da sind sie ja schon. Dort hinten auf der Kleewolke. Sie müssen doch tatsächlich hinübergesprungen sein, als die Wolke an der Himmelswiese vorbeigekommen ist. Der Klee auf dieser Wolke ist nämlich besonders saftig, weil sie nur alle tausend Jahre an der Himmelswiese vorbeikommt und sonst keine Tiere auf dieser Wolke wohnen. Nun musst du wohl tausend Jahre warten, bis du deine Pferde zurückbekommst.»

Zu solchen Scherzen war Ambrosius nun wiederum nicht aufgelegt. Er wollte keine Zeit verlieren, bedankte sich hastig und machte sich schnell auf die Suche nach dem Zeitengel, der dafür verantwortlich ist, dass die Uhren auf der Erde immer die richtige Zeit anzeigen. Als er ihn endlich gefunden hatte, sagte er aufgeregt zu ihm: «Zeitengel, kannst du bitte die Himmelsuhr ungefähr um acht Stunden zurückstellen, damit ich meine Pferde wieder einfangen kann?» Der Zeitengel war gar nicht erstaunt über den Wunsch von Ambrosius, denn er wusste schon Bescheid. Da es im Himmel selten besondere und aufregende Vorfälle gibt, sprechen sie sich umso eher und mit himmlischer Geschwindigkeit herum. Er holte den großen Himmelsuhrschlüssel und drehte damit die Zeiger zurück. Langsam kam die Kleewolke zurück. Er drehte den Schlüssel so lange, bis die Kleewolke direkt neben der Himmelswiese zu stehen kam.

Glücklich nahm der Ambrosius seine Pferde in Empfang, ließ sie von den Helfern einspannen, und die Reise konnte nun doch noch – zwar mit einiger Verspätung, aber noch einigermaßen rechtzeitig – losgehen.

Fast hätte die Panne keiner bemerkt. Nur die Menschen auf der Erde wunderten sich und sagten: «Heute will es so recht gar nicht Tag werden.»

Roland Tanner

Der Christbaum

Es ist alle Jahre im Dezember das Gleiche.

Anstatt sich – wie es der eigentlichen Bedeutung des Advent entsprechen würde – gefühlsmäßig auf die Geburt Jesu vorzubereiten, geraten die Menschen zu dieser Jahreszeit immer in eine hektische Betriebsamkeit.

Die Geschäftsleute versuchen noch einmal den Gewinn zu optimieren, und die Kunden eilen, mit Plastiktüten und Einkaufstaschen bepackt, von Kaufhaus zu Kaufhaus, immer in der Sorge, noch irgendetwas vergessen zu haben.

Lichtergirlanden umschlingen immergrüne Plastikzweige und winden sich über die Einkaufsstraßen. In den Kaufhäusern wird man in endloser Reihenfolge mit Weihnachtsliedern berieselt, ohne damit auch nur die geringste weihnachtliche Stimmung hervorzurufen.

Auch der alte Mann mit der Drehorgel an der Straßenecke hat diese Lieder aufgelegt und freut sich über ein paar Münzen, die ihm von mitleidigen Passanten in den Hut geworfen werden.

Wenn man glaubt, alle Verwandten und guten Freunde

mit Geschenken bedacht zu haben, stellt sich für die Hausfrau die Frage nach dem Festessen, während es in der Regel die Aufgabe des Mannes ist, den Christbaum zu besorgen. So war es auch immer bei uns.

Etwa eine Woche vor dem Heiligen Abend habe ich mich, zusammen mit anderen Interessenten, an einem Verkaufsstand für Christbäume eingefunden und mit der Suche nach einem geeigneten Gewächs begonnen.

Nach einiger Zeit hatte ich einen entdeckt, der meinen Vorstellungen entsprach, und eilte zielstrebig darauf zu. Bevor jedoch meine Hand ihn erreichte, schoss eine andere vor, umklammerte ihn, und eine erregte Stimme herrschte mich an:

«Den Baum habe ich bereits reserviert, suchen Sie sich gefälligst einen anderen.»

«Entschuldigung», murmelte ich und blickte mich weiter suchend um.

Vielleicht der etwas kleinere Baum daneben. Er hatte schöne dichte Äste, war aber, wie ich meinte, etwas klein geraten. Man könnte ihn vielleicht auf einen Schemel stellen, mit einem Deckchen darunter.

Eben als ich mich entschlossen hatte, ihn zu kaufen, trug ihn ein untersetzter Herr bereits zur Kasse.

Ich suchte nach einem anderen Baum.

Endlich hatte ich einen gefunden und schlich mich unauffällig an ihn heran. Verstohlen blickte ich mich um. Nein, ich war der einzige Interessent dafür. Schnell packte ich ihn und zog damit zur Kasse. Ich zahlte zwanzig Mark, das Bäumchen wurde in eine große Röhre gesteckt und kam, mit Plastikschnüren umwickelt, am anderen Ende wieder heraus.

Um zu Hause bei meiner Frau erst gar keine Kritik aufkommen zu lassen, stellte ich gleich alle Vorzüge der Errungenschaft heraus: die breiten Nadeln, die schöne Krone, und in die Lücke in der zweiten Reihe könnte man ja einen anderen Zweig hineinbohren. Bei meiner Frau Mathilde fand er keine Gnade.

«Hast du denn nicht gesehen, wie krumm er ist? Er verliert ja jetzt schon die Nadeln, und dafür hast du auch noch zwanzig Mark bezahlt!»

Zugegeben, der Baum schaute etwas nach zweiter Wahl aus, aber was soll's; in zwei Wochen würde er ohnehin wieder abgeräumt. Warum sollte man sich darüber so viele Gedanken machen.

Aber das war Vergangenheit. In diesem Jahr sollte es ganz anders werden.

Ein Angestellter unseres Betriebes hatte mir angeboten, einen Christbaum aus seinem Wald zu holen, und ich habe dieses Angebot gerne angenommen.

Am Tag vor dem Heiligen Abend bewaffnete ich mich mit einer Handsäge und fuhr mit dem Auto zu dem etwa zehn Kilometer entfernten Treffpunkt. Dort erwartete mich bereits unser Mitarbeiter und erklärte mir den Weg:

«Fahren Sie den Waldweg noch dreihundert Meter weiter, dann sehen Sie auf der linken Seite einen Jungwald, dort können Sie sich einen Baum herausschneiden.»

Ich fragte noch nach dem Preis – rein der Form halber – und erwartete von dem Angestellten nur eine abwehrende Handbewegung, um ihm dann großzügig fünf Mark Trinkgeld zu geben. Dieser antwortete jedoch:

«Fünfzehn Mark! Dafür können Sie aber einen Baum bis zu zwei Metern herausschneiden.»

Nun ja, nichts ist umsonst, auch nicht zu Weihnachten.

Ich fuhr den Weg ein Stück entlang, musste aber bald den Wagen abstellen, weil der hohe Schnee ein Weiterkommen verhinderte. Aber auch zu Fuß war es ziemlich beschwerlich. In der Nacht hatte es ununterbrochen geschneit, und ich sank bei jedem Schritt bis zu den Knien ein. Es war so ein richtig nasser, fester Schnee. Endlich hatte ich die angegebene Stelle erreicht.

Vor mir standen Hunderte von Fichten, über und über mit nassem, pappigem Schnee bedeckt. Wo sollte ich anfangen?

Ich fasste den nächstbesten Baum und schüttelte den Schnee ab, der in dicken Batzen auf mich herabfiel. Nein, der kam als Christbaum nicht in Frage. Der Nächste gefiel mir, abgeschüttelt, noch weniger.

Ich hatte bereits von dem sechsten Baum den Schnee entfernt und merkte, wie allmählich die Nässe unangenehm durch meinen Anorak drang. Den idealen Christbaum hatte ich immer noch nicht gefunden. Die Finger waren, trotz der Handschuhe, von der Kälte ganz klamm, und so entschloss ich mich kurzerhand den allerersten Baum abzusägen. Ich schnürte ihn zusammen und befestigte ihn am Auto. Nun konnte ich zurückfahren; genauer gesagt, ich wollte es.

Beim Wenden rutschte das linke Hinterrad in eine Rinne, und der Wagen saß fest.

Wie ich es in der Fahrschule gelernt hatte, legte ich die Fußmatten unter das Hinterrad und gab langsam Gas. Aber schneller noch, als ich sie untergelegt hatte, wurden sie von dem Rad nach hinten geschleudert.

Jetzt versuchte ich es mit Anschieben. Mit aller Kraft stemmte ich mich gegen den Wagen, rutschte dabei aus und fiel mit beiden Knien in den aufgewühlten Matsch.

Zuletzt probierte ich, den Wagen durch das Spiel mit Kupplung und Gas herauszuschaukeln. Vor – zurück, vor – zurück, vor – zurück. Endlich griffen die Räder, und ich konnte nach Hause fahren.

Am Stadtrand sah ich einen Verkaufsstand für Christbäume. «Jeder Baum nur zehn Mark» stand auf einem großen Schild, und mich überkam ein leises Gefühl des Neids, als ich vorbeifuhr. Aber ich tröstete mich mit dem Gedanken, dass diese armen Käufer nicht das geringste Erfolgserlebnis empfinden konnten.

Zu Hause angekommen, fühlte ich mich wie ein erfolgreicher Jäger, der seinen Lieben das erbeutete Wildbret vor die Füße legte. Aber anstelle einer Bewunderung rief meine Frau Mathilde nur:

«Mein Gott, wie siehst du denn aus!»

In der Tat, ich musste mich vollkommen umziehen. Die verschmutzte Cordhose musste wohl in die Reinigung, und das von dem durchweichten Anorak blau verfärbte Unterhemd warf ich gleich in den Abfall.

Schließlich wurde der Baum auf dem Balkon in den Christbaumständer aus Keramik gestellt, und ich goss in diesen noch einige Liter Wasser hinein.

Der Heilige Abend war ein sonniger, aber eiskalter Wintertag.

Am Nachmittag, gegen drei Uhr, rief ich meine beiden Kinder, den vierjährigen Thomas und den siebenjährigen Markus, um gemeinsam den Christbaum zu schmücken.

Thomas hatte im Kindergarten erfahren, dass die Geschichte vom Christkind nur ein schönes Märchen ist, und war darüber sehr traurig. Meine Frau und ich hatten ihm deshalb zum Trost versprochen, dass er dafür mithelfen dürfe, den Baum zu schmücken. Dann sahen wir die Katastrophe: Der Christbaum steckte in einem dicken Eisblock, und der Keramikständer war in unzählige Teile zerborsten.

Was tun in dieser Situation? Am Heiligen Abend um diese Zeit hatte natürlich kein Geschäft mehr auf, um einen neuen zu kaufen, und auch an den nachfolgenden Feiertagen war dies nicht möglich.

Während Markus den Eisblock mit dem Föhn auftaute, überlegte ich fieberhaft nach einem Ausweg. Den Gedanken, den Keramiktopf zusammenzukleben, verwarf ich gleich wieder, weil es zu viele Stücke waren und ich dafür einen Keramikkleber benötigt hätte, den ich auch nicht im Haus hatte. Außerdem war es fraglich, ob er danach den Baum überhaupt halten konnte.

«Ich möchte jetzt den Baum anhängen», reklamierte unser Thomas.

«Gleich», sagte ich, «wir müssen erst noch eine Lösung für den Christbaumständer finden.»

Markus schlug vor, den Baum abwechselnd zu halten, während die anderen die Kerzen, Kugeln und das Lametta anhängten.

Meine Frau sagte gleich, dass sie dafür keine Zeit habe, weil sie sich um das Abendessen kümmern müsse. Da hatte sie natürlich Recht. Außerdem wäre dies nur eine zeitlich kurze Alternative, weil wir den geschmückten Baum ja nicht über die ganzen Feiertage hinweg halten und ihn auch nicht einfach an die Wand lehnen konnten.

«Wann kann ich denn den Baum schmücken?», fragte Thomas schon etwas weinerlich.

«Hab noch etwas Geduld», versuchte ich ihn zu besänftigen.

Vielleicht konnte ein Nachbar aushelfen. Ich läutete bei Herrn Mühlbauer.

«Entschuldigen Sie bitte, haben Sie vielleicht einen zweiten Christbaumständer?»

«Nein, warum wohl, ich habe ja auch nur einen einzigen Christbaum.»

Dieses Argument war überzeugend.

Jetzt fragte ich bei Familie Wagner und wollte etwas diplomatischer vorgehen.

«Ein frohes Weihnachtsfest! Haben Sie einen Christbaum?»

«Nein», antwortete Frau Wagner, «aber wenn Sie uns einen verkaufen wollen, können Sie sich die Mühe sparen. Wir haben nämlich beschlossen, künftig nur noch ein Weihnachtsgesteck aufzustellen.»

Ich schöpfte neue Hoffnung.

«Dann brauchen Sie ja auch keinen Christbaumständer.»

«Natürlich nicht», sagte Frau Wagner etwas verwundert.

Ich erzählte ihr kurz unser Missgeschick.

«Ach, so ein Pech», sagte sie, «vorige Woche habe ich unseren Christbaumständer weggeworfen; man hebt ja viel zu viel Kram auf. Wären Sie doch vor acht Tagen gekommen, Sie hätten ihn gern bekommen können.»

«Vor acht Tagen hatte ich selbst noch einen», murmelte ich enttäuscht.

Bei Familie Meier brauchte ich gar nicht erst zu fragen, die fuhr immer über Weihnachten in die Karibik.

«Ich möchte den Weihnachtsbaum anhängen», heulte Thomas, als ich wieder in unserer Wohnung ankam, und ich konnte ihn kaum beruhigen.

Inzwischen war das Abendessen fertig, und wir setzten uns zu Tisch. Im Radio sangen die Regensburger Domspatzen «Oh, du fröhliche», aber bei uns war die Stimmung alles andere als fröhlich.

Während sich sonst beim Weihnachtsessen der Duft von schmelzendem Wachs der Kerzen mit dem des frischen Tannenreisigs mischte und eine festliche und erwartungsvolle Atmosphäre herrschte, blickten wir nur immer wieder auf unseren Baum, der schmucklos in der Ecke lehnte. Bis jetzt hatte niemand eine rettende Idee.

Nach dem Essen rief ich meine Schwiegereltern an, vielleicht konnten diese vorübergehend auf ihren Weihnachtsbaum verzichten, bis wir einen Christbaumständer kaufen konnten.

«Soll ich wohl unseren Baum in der Zwischenzeit an die Decke hängen?», fragte mein Schwiegervater.

An die Decke hängen, das war die Lösung! Wenn ich einen Nagel in die Zimmerdecke schlagen würde, könnte ich den Baum an der Spitze mit einem nahezu unsichtbaren Nylonfaden daran befestigen. Ich holte Leiter, Hammer und einen Nagel und schlug diesen mit drei kräftigen Schlägen in die Decke.

Der dritte Schlag war zu viel. Ein handtellergroßes Stück des Deckenputzes fiel zusammen mit dem Nagel herunter. Ich war aber von dieser Idee nicht mehr abzubringen.

Dann wird eben ein Dübel in die Decke gebohrt und ein kleiner Haken hineingedreht.

Natürlich war das Kabel von der Bohrmaschine zu kurz.

«Mathilde, wo ist denn das Verlängerungskabel?», fragte ich.

«Das hast du doch deinem Bruder geborgt, und der hat es noch nicht zurückgebracht.»

Es ist immer dasselbe: Man verleiht – gutmütig wie man ist – irgendetwas und kann dann hinterherlaufen, um es wiederzubekommen. Ich läutete noch einmal bei Herrn Mühlbauer.

«Ich sagte Ihnen doch bereits, dass ich keinen zweiten Christbaumständer habe», sagte er, etwas ungehalten.

«Darum geht es ja gar nicht. Könnten Sie mir vielleicht mit einem Verlängerungskabel aushelfen?»

Herr Mühlbauer schien etwas verwirrt. Er konnte sich offensichtlich nicht erklären, wie man einen fehlenden Christbaumständer durch ein Verlängerungskabel ersetzen kann.

Nun, ich bekam das Kabel, stand wenig später wieder auf der Leiter, bohrte das Loch, setzte den Dübel ein, schraubte einen Ringhaken hinein und band daran den Christbaum mit der Spitze so an, dass das Ende des Stammes gerade den

Fußboden berührte. Bei Zugluft fing er allerdings leicht an zu pendeln, aber das störte nicht sehr. Wir mussten nur darauf achten, die Türen möglichst geschlossen zu halten.

Nachdem meine Frau das Ende des Stammes mit ein paar Weihnachtsservietten drapiert hatte, rief ich den Kindern zu:

«Kommt her, jetzt können wir den Baum schmücken!»

Der kleine Thomas war bereits auf der Couch eingeschlafen, und Markus hatte auch keine Lust mehr. Kein Wunder, es war bereits zehn Uhr abends. Während meine Frau die Kinder zu Bett brachte, gipste ich das Loch in der Decke zu.

Am nächsten Morgen schmückten wir gemeinsam den Christbaum, holten die Bescherung nach, und die Welt war wieder in Ordnung.

Am Nachmittag kam meine Mutter zum Kaffee. Danach, beim Weggehen, sagte sie in der Diele:

«Einen schönen Christbaum habt ihr wieder, aber irgendetwas ist anders als sonst; ich weiß nur nicht, was.»

Hans Jacobsen

Das Schaukelpferd

Weihnachten, meinen die Kinder, ist die schönste Jahreszeit, und denken nicht mehr daran, wie schön der Sommer sein kann.

Nein, Weihnachten, sagen sie, obwohl Weihnachten gar keine Jahreszeit ist, sondern nur ein Fest in einer kalten Jahreszeit, die nur dann schön ist, wenn es tüchtig schneit und die Kinder Schlitten fahren oder Schneemänner bauen können, die Weihnachtszeit ist die schönste Zeit im Jahr.

Weihnachten ist für die Kinder das Fest der Geschenke, darum ist es für sie auch die schönste Zeit!

Weihnachten, so sagen die Erwachsenen, ist das Fest der Liebe, und die Kinder fragen dann die Erwachsenen, warum gerade vor dem Fest der Liebe so viel gestritten wird, wo Liebe und Streit doch gar nicht zusammenpassen.

Nein, sagen die Kinder und versuchen damit eine Lösung zur Einigung zu finden, Weihnachten ist das Fest der lieben Geschenke.

Und die Erwachsenen geben um des lieben Friedens willen nach und meinen einlenkend, Weihnachten könnte ja auch das Fest der geschenkten Liebe sein, und nehmen sich fest vor, sich vor dem nächsten Weihnachtsfest nicht mehr zu sehr aufzuregen und sich wegen der Auswahl der Geschenke für die Kinder und der aufregenden Vorweihnachtszeit weniger zu streiten.

Die Kinder sind sich da aber noch nicht ganz sicher, ob die Erwachsenen das auch halten, was sie versprochen haben, und singen darum das schöne Lied:

«Alle Jahre wieder!»

Vor vielen Jahren, als ich noch ein kleiner Junge war, so etwa vier oder fünf Jahre alt, da war es in der Vorweihnachtszeit auch immer so aufregend, und die Tage bis zum Heiligabend wollten überhaupt nicht zu Ende gehen. Die Tage waren doppelt so lang wie in den Monaten davor, denn man lag auch nachts im Bett noch wach, und man dachte nur daran, wie man die Zeit bis Weihnachten verkürzen könnte. Einfach zwei Kalenderblätter auf einmal abreißen half nicht, und wenn man gar daran dachte, sich vorzunehmen, doch mehr zu schlafen oder gar bis zum Heiligabend durchzuschlafen, befürchtete man, dass man das Weihnachtsfest verschlafen könnte, und das wäre dann doch erst recht schlimm.

Also musste man sich fügen, abwarten und sich der damit verbundenen Langeweile aussetzen.

Ich erinnere mich allerdings daran, dass die Langeweile doch nicht so schlimm war, als ich befürchtete, denn in unserer Wohnung herrschte in dieser Zeit immer ein geschäftiges Treiben. Die Mutter war von früh bis spät mit der Weihnachtsbäckerei beschäftigt und bereitete das Festessen vor, Schweinebraten mit Rotkohl und als Nachtisch Pudding. Und der Vater, wenn er denn nicht zur Arbeit, sondern zu Hause war, werkelte ebenfalls in der Küche, weil in unserer Wohnung kein anderer Raum zum Basteln vorhanden war, an geheimnisvoll verhülltem Holz herum, wobei er meine ständigen Fragen, was er denn machen wolle, kurz und bündig und immer wieder damit beantwortete, er mache einen Handgriff für einen Mehlsack. Da ich mir darunter nun überhaupt nichts vorstellen konnte und ich nach vielen Fragen immer nur dieselbe Antwort bekam, gab ich es schließlich auf zu fragen und dachte mir etwas aus, was es aber bestimmt nicht werden sollte.

Bestimmt würde es aber etwas sehr Geheimnisvolles, wie ich vermutete.

Zunächst war es ein roher runder Holzklotz, der meine Aufmerksamkeit und Neugier erregte. Daran wurde gehobelt und geschliffen und auch gebohrt. Dann sägte mein Vater aus zwei Brettern so gebogene Stücke aus, die meine Neugier wieder entfachten, weil ich überhaupt nicht verstehen konnte, was das nun, zusammen mit dem runden Holzklotz, werden sollte. So fragte ich meinen Vater nach heftiger Überwindung und mit der Erwartung, wieder zu hören, was ich immer zu hören bekommen hatte, es werde ein Handgriff für den Mehlsack, doch noch einmal, was das denn nun werden sollte.

Und, oh, Wunder, diesmal hieß es, es würden zwei Kufen,

die unter den Lehnstuhl meiner Großmutter geschraubt werden sollten, damit daraus ein Schaukelstuhl würde und sie dadurch mehr Bewegung bekäme. Meine Großmutter, müsst ihr wissen, war nämlich schon sehr alt und saß den ganzen lieben langen Tag bewegungslos in ihrem Lehnstuhl. Sie bewegte nur die Daumen ihrer gefalteten Hände, dreimal links herum und dreimal rechts herum, immer schön gleichmäßig, ohne sich jemals zu verzählen, ohne Unterbrechung, dreimal links und dreimal rechts.

Diese Erklärung leuchtete mir jetzt ein, und ich gab mich damit zufrieden. Trotzdem blieb ich aber gespannt, was nun weiter würde, denn Vaters Bastelstunden setzten sich Tag für Tag bis in die Nacht hinein fort.

Gelegentlich, wenn wir abends Besuch bekamen, und das kam auch in der Vorweihnachtszeit vor, blieb es in der Küche dunkel, und meine Eltern machten sich in der Stube mit dem Besuch einen gemütlichen Abend. Dann gab es die ersten schon seit Tagen gebackenen Pfeffernüsse aus den verschiedenen Blechdosen, in denen sie aufbewahrt wurden, dazu gab es warmen Punsch und für den Vater einen steifen Grog mit viel Rum und wenig Wasser, das mochte er am liebsten. Meine Tante Kidde, in Wirklichkeit hieß sie Christiane, aber unter diesem Namen kannte sie keiner, besuchte uns oft und gerne, und auch sie trank gerne einen Grog.

Eines Abends, als sie sich nach ein paar gemütlichen Stunden und einigen Grogs fröhlich verabschiedete, um nach Hause zu gehen, und sich ihren Mantel anzog, griff sie auch nach ihrem Fuchs, so nannte man das um den Hals getragene Fuchsfell, an dem vorne ein echter nachgemachter Fuchskopf angebracht war und der hinten einen wirklich echten Fuchsschwanz hatte. Dieser Pelzkragen war damals die große Mode und zudem noch ein kuschelig warmer Schutz gegen die Kälte. Beim Umlegen dieses Kuscheltieres griff sie am hinteren Ende, dort, wo sonst der schöne Fuchsschwanz sein sollte, ein paar Mal ins Leere. Der Fuchsschwanz war weg, er war einfach nicht mehr da, wo er sonst immer gewesen war.

Tante Kidde drehte sich ein paar Mal um ihre eigene Achse, suchte den Fußboden ab und sagte dann sichtlich enttäuscht: «Wo ist der Schwanz, der schöne Schwanz ist nicht mehr da, wo kann er sein? Er ist weg, der arme Fuchsschwanz.»

Mein Vater, der neben ihr stand, blickte ungerührt nach unten, er verzog keine Miene und sagte ganz dröge: «Dann musst du ihn wohl verloren haben, vielleicht unterwegs?»

«Nein, nein und nochmals nein, der Schwanz war noch dran, als ich zu euch kam, bestimmt, ich erinnere mich!»

«Na denn», meinte mein Vater treuschuldig, «dann hat ihn wohl der Fuchs selbst gestohlen, Füchse sind ja als schlaue Diebe bekannt.» Dabei konnte man ein leichtes Lächeln in seinem Gesicht, das er immer noch leicht nach unten geneigt hatte, sehen. Tante Kidde bemerkte es in ihrer Aufregung wohl nicht, ich, der wesentlich kleiner war und das Gesicht meines Vaters von unten sehen konnte, bemerkte dieses eigenartige Lächeln, konnte mir aber keinen Reim darauf machen.

Tante Kidde ging dann sichtlich betroffen, aber von den Grogs, die sie getrunken hatte, leicht angeheitert nach Hause, denn die Wirkung der Grogs hatte ihren Ärger doch sichtlich gedämpft.

Sie kam dann am Heiligabend erst wieder zu uns. Sie war noch nicht verheiratet und feierte Weihnachten immer bei uns, genau wie meine Großmutter, eine sehr alte Oma, die ja, wie mein Vater mir erklärt hatte, halbrunde Kufen unter ihren Lehnstuhl geschraubt bekommen sollte, damit sie etwas mehr Bewegung bekam als nur das ständige Daumendrehen, dreimal links herum und dreimal rechts herum.

Es war kurz vor der Bescherung, wir, die im Weihnachtszimmer noch nichts zu suchen hatten, standen im Flur vor der guten Stube und warteten gespannt darauf, dass sich die Tür öffnen würde und das Fest beginnen konnte. Mein Gedicht hatte ich vor lauter Aufregung nicht mehr vollständig im Kopf, und als ich es aufsagen sollte, konnte ich es nur noch bruchstückweise vortragen, was dem Weihnachtsmann, den ich immer noch hinter der Tür vermutete, offenbar nichts ausmachte, denn er zeigte weder seine Rute, noch war ein missfälliges Brummen zu hören. Ich war froh, als meine Mutter in dem Moment, in dem ich das Zimmer betrat und mich ängstlich umschaute, weil ich wegen des verkorksten Gedichts seine Strafpredigt erwartete, meinte, der Weihnachtsmann sei gerade durch den Schornstein, durch den er auch hereingekommen sei, wieder entschwunden und er habe wohl Verständnis dafür gehabt, dass kleine Kinder vor Aufregung ihre Gedichte nicht so richtig vortragen könnten.

Ich bestaunte zunächst den schönen Baum, der mit Lametta dicht behängt war, an dem schöne rote Kerzen brannten, und entdeckte auch die vielen anderen Baumbehänge aus Schokolade, die rotbackigen Äpfel, die vergoldeten Nüsse und all den anderen Krimskrams, mit dem man schon damals den Tannenbaum schmückte.

Mein Erstaunen über den festlich geschmückten Baum war allerdings nur von sehr kurzer Dauer, denn Weihnachten war ja für uns Kinder in erster Linie das Fest der Geschenke, und die lagen wie immer unter dem Tannenbaum und waren noch mit einem weißen Bettlaken abgedeckt.

Man zeigte mir nun die Stelle, an der meine Geschenke versteckt waren, und ich durfte das Laken wegnehmen. Das geschah mit einem kräftigen Ruck, denn ich konnte meine Erwartung nicht mehr zügeln.

Und was sah ich zuerst?

Ein prächtiges braunes Schaukelpferd mit Kufen, die eigentlich unter dem Lehnstuhl meiner Oma sein sollten, wo ich sie aber nicht entdeckt hatte, mit einem aufgemalten hellbraunen Sattel und einem wunderschönen rotbraunen Pferdeschwanz.

Bevor ich allerdings das feurige Ross, das ich nun mein Eigen nennen durfte, besteigen konnte, stürzte Tante Kidde auf das Schaukelpferd los, ergriff den schönen langen Schweif und rief, nein, sie schrie förmlich: «Hier ist er ja, mein schöner Fuchsschwanz», und lachend zu meinem Vater gewandt, denn sie verstand Spaß: «Du verdrehter Kerl, du hast meinen schönen Fuchsschwanz geklaut!»

Mein Vater, der sich das Lachen auch nicht verkneifen konnte, fing daraufhin zu singen an: «Fuchs, du hast den Schwanz verloren, bring ihn wieder her, denn ich hab ihn nicht gestohlen», und ergänzte ungereimt, «ich hab ihn doch nur ausgeliehen.»

Er zog den Flaschenkorken, mit dem der Schwanz am Hinterteil des Schaukelpferdes befestigt war, aus dem Hintern heraus, nahm den Fuchsschwanz und gab ihn meiner Tante Kidde, die ihn noch vor dem Festessen mit dickem Nähgarn wieder ganz fest an ihrem bis dahin schwanzlosen Fuchs annähte.

Mein Vater hatte vorgesorgt. Er hatte nämlich aus einem Schiffstau einen hellen neuen Pferdeschwanz gefertigt, der zwar nicht so echt war wie der Fuchsschwanz, der mich aber damit tröstete, dass mein Schaukelpferd nicht, so wie der arme Fuchs meiner Tante einige Tage lang, schwanzlos durch das Zimmer schaukeln musste.

So endet diese kleine Weihnachtsgeschichte doch noch glücklich. Alle hatten ihren Spaß, auch meine schwerhörige Oma, die von allem nichts mitbekommen hatte, aber mitlachte, weil alle lachten, und die auch nicht wissen konnte, dass mein Vater meine Neugier damit befriedigt hatte, dass er die Kufen für ihren Schaukelstuhl machen wollte und die sie darum auch nicht vermissen konnte. Und so drehte sie weiterhin unaufhörlich ihre beiden Daumen umeinander, dreimal links herum und dreimal rechts herum.

So waren auch alle zufrieden, der Umhängefuchs meiner Tante Kidde, der seinen schönen buschigen Schwanz wieder an der richtigen Stelle hatte, mein Schaukelpferd mit dem doch ganz schönen Ersatzschwanz und wir alle, die den ganzen Abend immer wieder darüber lachen konnten.

Es war ein so schönes Weihnachtsfest, das ich bis heute, wo alle schon lange nicht mehr unter den Lebenden sind, die aber, wenn sie nicht gestorben wären, auch heute noch darüber lachen würden, nicht vergessen habe. Weil dieses Weihnachtsfest so schön war, habe ich es auch bis heute nicht vergessen und darum für euch aufgeschrieben.

Fröhliche Weihnachten 1998

Euer Opa Hans

Rolf Leptien

Weihnachten in Arabien

Heimat, deine Sterne
seh ich im Traum bei Nacht.
Bin wieder in der Ferne,
wenn ich dann aufgewacht.

Mich zog es in die weite Welt
und wäre doch so gerne
zu Hause unterm Sternenzelt
bei euch, ihr Heimatsterne.

Der schwere Geländewagen, ein allradgetriebener Nissan Patrol mit breiten Ballonreifen, quälte sich die riesige Sanddüne hinauf. Wieder einmal war ich in der Rhub al Khali unterwegs, Rhub al Khali – das leere Viertel, wie es genannt wird. Eine der lebensfeindlichsten Wüsten auf dieser Erde, sie erstreckt sich durch Saudi Arabien bis in den Oman. Es war Dezember, dieses ist die beste Zeit für meine Forschungen, die Zeit des trockenen Nordwest-Monsun. Die Wüste ist unwirtlich, Sand, Sand, nichts als Sand. In einigen Gebieten spärlicher Bewuchs, harte, trockene Gräser oder ein Sodomsapfel, die giftigste Pflanze der Wüste. Weithin ist diese charakteristische Pflanze mit ihren großen blaugrünen Blättern zu sehen. Selten auch mal eine Wüstenhyazinthe mit ihrer großen Dolde aus leuchtend gelben Blüten – sie ist schön.

Wo etwas Bewuchs ist, fühlt man sich nicht ganz so allein, auch sieht man hin und wieder ein Dromedar. Aber diese Tiere sind scheu, beäugen einen neugierig und machen sich dann davon. Man kommt keine zehn Meter an sie heran. Nun, auf der Dünenspitze angekommen, musste ich wieder über die Abbruchkante hinunter, mein Blick ging über den Kühler ins Leere, eine eigenartige Beklommenheit befiel mich, ich stieg aus und schaute hinunter, weit unten blinkten die weißen Knochen eines Dromedargerippes. Ich stieg wieder ein, legte den ersten Gang ein und fuhr langsam ins Ungewisse, die Vorderreifen fraßen sich in den Sand, nun ging es langsam bergab, ich sah wieder den Boden mit den weißen Knochen, musste aufpassen, dass das Heck des schweren Wagens nicht ausbrach, starr blickte ich auf die Kippanzeige am Armaturenbrett und war froh, als ich unten angelangt war. Es war ein großes, fast rundes Tal, das zwischen den Sanddünen lag. Ich parkte den Wagen und sah mich um. Der Boden war fest, leicht salzverkrustet. In einiger Entfernung sah ich eine große Echse mit breitem dornigem Schwanz, sie maß an die 70 cm. Der Rücken war gelblich gefärbt und der Kopf blauschwarz. Ich kenne diese Echsen gut, sie gelten als ausgesprochen scheu. Zu meinem Erstaunen blieb sie ruhig sitzen, als ich mich näherte, sie stellte den Kopf etwas schräge und sah mich an, dann ein Blick zum Wagen, und schon trottete sie los, bis sie darunter war, es war der einzige Schatten hier in der brennenden Sonne. Bald entdeckte ich weitere dieser Echsen, die hatten tiefe Höhlen in den Boden gegraben, aber keine war scheu, ich konnte einige vorsichtig in die Hand nehmen, sie messen und meine Notizen machen. Wahrscheinlich haben sie hier noch nicht viele Menschen zu Gesicht bekommen. Es ist bekannt, dass einige Beduinen sie essen, sie sollen schmackhaft sein. Es näherte sich der Abend, meine Besucherin hatte den schattigen Platz verlassen und war zu einer Höhle gewandert, noch ein kurzer Blick zu mir, dann tauchte die Echse weg. Die Sonne verschwand hinter einer Sanddüne, eine halbe Stunde Dämmerlicht, dann war es stockfinster, die Sterne am weiten tiefschwarzen Himmel schienen zum Greifen nah. Trotz meiner körperlichen Größe von fast zwei

Metern fühlte ich mich klein. Ich setzte mich auf die Stoßstange, trank im Licht der Scheinwerfer eine Cola und aß, vor mich hin träumend, ein paar Kekse. Immer wieder wanderte mein Blick in den Himmel. Plötzlich schoss mir ein Gedanke durch den Kopf: Toll, dass hier keiner mit einem Handy herumläuft! Blöd, wie kommt man hier auf eine solche Idee? Ich löschte das Licht, nahm meine Taschenlampe und machte mich auf die Suche, ich ging den ganzen Talkessel ab und dann die angrenzenden Dünen, sofort offenbart es sich einem, dass die Wüste lebt. Im Lichtkegel der Lampe sah ich Geckos hochbeinig herumstolzieren, angeleuchtet verharrten sie einen Augenblick verwirrt und machten sich dann davon. Einige fing ich, um zu untersuchen, um welche Art es sich handelt. Kleine Mäuse mit rot reflektierenden Augen hoppelten herum und wussten so schnell nicht, wo sie hin sollten. Auf einer Sanddüne schlängelte sich eine Sandboa auf der Futtersuche, als ich mich näherte, tauchte sie blitzschnell im Sand unter. Auf dem Rückweg, fast am Fuße der Düne, traf ich auf eine Hornviper, schnell rollte sie sich zusammen, der Kopf mit den zwei großen Hörnern lag auf einer Körperschlinge. Ihre Giftzähne sind lang und ihr Gift ist hochwirksam, als ich ruhig stehen blieb, schlängelte sie sich seitlich windend davon. Die hohen, hellen Dünen zeichneten sich im fahlen Mondlicht vom dunklen Himmel ab, es sah geisterhaft aus, fast unrealistisch. Langsam, die Schritte schon etwas schwerer, ging ich zum Wagen zurück, es war bereits weit nach Mitternacht. Ich klappte die Rückenlehnen herunter und legte mich hin, schon nach kurzer Zeit schlief ich tief und traumlos.

Etwas rüttelte am Wagen, ich wachte auf, die Knochen taten mir weh, ich hatte mich verlegen. Langsam zog ich mich hoch und sah, was den Wagen schüttelte – Sandsturm. Es war bereits hell, ein unwirkliches Licht in der Luft, wie rötlicher

Nebel. Der Sand fegte von den Dünen herunter, drang durch jede Ritze ins Auto, nach kurzer Zeit war im Innenraum alles mit staubzuckerfeinem Sand überpudert, ich band mir ein Tuch vor den Mund und saß schreibend und wartend im Wagen. Erst Stunden später ließ der Sturm nach. Plötzlich war die Sonne wieder da. Ich stieg aus, schüttete den Sand aus der Kleidung und stieg die Düne hinauf, wollte einfach mal sehen, ob sich von oben was verändert hatte. Als ich die Spitze erreichte, stand urplötzlich ein kleines Kerlchen vor mir, ein kleiner Junge in einem langen blauen Hemdchen, schmal und zierlich, mit großen schwarzen Augen, die mich ängstlich anblickten. Ich lächelte ihn an und sagte: «Nanu, wo kommst du denn her?» Er stand vor mir, schaute zu mir auf, und seine Augen wurden noch größer, ich hatte den Eindruck, er hatte mal von einem Märchen mit einem Riesen gehört, und dieser stand nun vor ihm. Da mir das Kerlchen Spaß machte, sagte ich lachend noch einige Worte zu ihm und setzte mich vor ihm in den Sand. Ich hatte nun fast seine Größe. Langsam schien es zu merken, dass von mir keine Gefahr drohte, und sein Verhalten schlug um in Neugierde. Es kam heran und betastete vorsichtig meine nackten Beine, sagte kein Wort, stand neben mir und fasste dann sachte meine grauen Haare an, in den dunklen Augen maßloses Erstaunen. Ich schaute mich um, es war nichts zu sehen, wo kam dieses Kerlchen her? In einiger Entfernung sah ich eine kleine Echse im Sonnenschein, ein so genannter Sonnengucker, er machte seinem Namen alle Ehre und blinzelte in die Sonne. Ich stand auf und ging langsam auf die Echse zu, das Kerlchen folgte mir. Die Echse rüttelte sich, am ganzen Körper vibrierend, in den Sand ein, ich griff schnell zu, hatte das Tierchen in der Hand und untersuchte es, ein Blick auf das Kerlchen sagte mir, dass ich anscheinend in seiner Achtung noch enorm gestiegen war. Ich ging zum Auto, und mein neuer Gefährte folgte mir wortlos, ich kramte etwas zum Essen hervor und reichte ihm eine Banane, zuerst etwas skeptisch, biss er vorsichtig hinein, nachdem ich abgebissen hatte. Er saß neben mir, klein und zart, und ich konnte kaum erraten, wie alt er war, vielleicht fünf, sechs Jahre? Dann ging ich wieder auf Suche, und er wich keinen Schritt von meiner Seite, plötzlich sah ich am Boden einen größeren Stein liegen und drehte ihn um. Das Kerlchen tat einen Schrei, und dann sah ich den großen schwarzen Skorpion, es packte meine Hand und versuchte mich fortzuziehen. Lachend zog ich eine Plastikdose aus der Tasche, ließ den Skorpion hineinlaufen und verschloss sie. Das Gesichtchen werde ich nie vergessen, schweigend starrte es mich an, seine Hochachtung schien grenzenlos zu sein. Versonnen stand das Kerlchen auf und ging langsam auf die untergehende Sonne zu, seine Konturen zeichneten sich noch eine Weile im roten Kreis der Sonne ab, und war dann bald hinter der Sanddüne verschwunden.

Ich verbrachte noch eine Nacht hier und fuhr am nächsten Morgen einige Stunden weiter, auf einer hohen, langen Wanderdüne parkte ich den Wagen rückwärts zur Abrisskante, unten sah ich zu meinem Erstaunen eine einzelne Akazie stehen. Wenn man sich weiter vom Wagen entfernen will, ist es unerlässlich, ihn auf eine hohe Düne zu stellen, damit er weithin sichtbar ist. Ich ging dann los, stieg immer wieder auf eine Düne, um den Wagen im Auge zu behalten. Als ich wieder einmal nachschauen wollte, war der Wagen verschwunden. Aber ich sah doch die Düne? Oder nicht? Ich war im Zweifel, schnell kann man sich hier verlaufen. Ich ging auf meinen Fußspuren zurück, erreichte die Düne und sah nun die Bescherung. Ein ganzes Sandbrett war abgebrochen und hatte den schweren Wagen rückwärts hinabgerissen, sodass er fast senkrecht zwischen dem Baum und dem

Sandberg eingekeilt war. Ein einziger Baum in der Wüste, und ausgerechnet da muss er dran hängen bleiben. Ich untersuchte als Erstes, ob kein Benzin ausgelaufen war, glücklicherweise nicht. Dann half nur schaufeln, oder auch nicht? Wasser hatte ich an Bord, es konnte notfalls einige Tage reichen. So begann ich zu graben. Doch je mehr ich grub, desto mehr Sand rutschte nach. Erschöpft konnte ich am Abend wenigstens meine Hängematte an Baum und Auto befestigen und dort schlafen.

Als ich erwachte, war es noch dunkel, aber bald musste die Sonne kommen. Ich setzte mich in den Sand und wartete, sobald etwas Licht war, begann ich zu graben, noch war es ja nicht so heiß. Aber es brachte wieder nichts, wenigstens gab der Baum in der Mittagshitze Schatten. Zwischendurch erkletterte ich immer wieder die Düne, ob nicht vielleicht jemand zu sehen war, und stieg jedes Mal enttäuscht wieder herunter. Nachmittags grub ich weiter, aber es brachte nicht viel. Sollte ich zu Fuß versuchen, eine Piste zu erreichen? Nein, erste Regel, immer beim Fahrzeug bleiben. Aber hier in dieser Grube? Von Zeit zu Zeit gab ich Hupsignale, aber dann hatte ich plötzlich Furcht, dass die Batterie leer werden könnte. Trotzdem grub ich weiter, bis zum Sonnenuntergang.

Die Sonne ging auf, ich ließ mich aus der Hängematte fallen, streckte mich und sah dabei nach oben. Auf der Düne sah ich ein blaues Hemdchen im Morgenwind flattern – da stand mein Kerlchen, ich versuchte Tränen zu unterdrücken, aber Wasser stieg in die Augen, sodass mir das Bild verschwamm, schnell wischte ich mir über die Augen, aber es war noch da. Und mit einem Male schoss mir durch den Kopf: Heute ist Heiligabend. Wieso komme ich gerade jetzt darauf? Ich stürzte die Düne hinauf, plötzlich hatte ich Angst, das Kerlchen könnte wieder verschwinden. Als ich es erreichte, sagte ich erleichtert: «Dich schickt der Himmel.» Ohne ein Wort zu sagen, nahm das Kerlchen mich bei der Hand, und wir gingen zusammen in die Morgensonne hinein. Ich weiß nicht mehr, wie lange wir so durch den Wüstensand stapften, und plötzlich sah ich in einem Talkessel ein Beduinenzelt. Davor saß ein älterer Mann, und neben dem Zelt standen einige Dromedare, höflich grüßte ich. Das Kerlchen erzählte dann offenbar, was passiert war. Langsam erhob sich der Mann, lächelte mir vielsagend zu, nahm zwei der Kamele, mehrere Seile, und das Kerlchen führte uns zurück. Ich hätte die Düne kaum wieder gefunden. Mit Hilfe der Kamele und Schaufeln gelang es den Wagen frei zu ziehen, er hatte zwar hinten im Dach eine große Beule, die hinteren Türen ließen sich nicht mehr öffnen, aber er war fahrtüchtig. Ich wollte mich mit etwas Geld bedanken, aber der Mann lehnte freundlich ab, aber meine Taschenlampe und ein paar Feuerzeuge nahm er dann doch und zog von dannen. Ich setzte mich erschöpft in den Sand, und das Kerlchen stand neben mir, befühlte wieder vorsichtig mein Haar und schaute mich wieder staunend an. Da fiel mir ein, dass ich in meiner Kameratasche ein altes kleines Spielzeugauto hatte, ich kramte es hervor und reichte es ihm. Ganz vorsichtig und behutsam nahm der Junge das Auto in beide Hände, so als hielte er ein Heiligtum. Er sah mich mit großen Augen an, drehte sich langsam herum und stieg die Düne hinauf, oben drehte er sich noch einmal um und verschwand. Wer von uns beiden mag glücklicher gewesen sein? Auf allen vieren kletterte ich die Düne hinauf, wollte ihm nachlaufen oder wenigstens hinterhersehen und winken. Doch mein Christkind war verschwunden, und gefunden hätte ich es sicher nicht wieder. Nachdenklich stieg ich die Düne hinab und schaute mich immer wieder um, sah jedoch immer nur den in der Sonne glitzernden Sand. Versonnen stieg ich in den Wagen, blieb noch einen Moment still sitzen, startete dann den Motor und legte den Gang ein. Langsam setzte sich der schwere Wagen in Bewegung, und während er die Düne hinaufkletterte, starrte ich gedankenverloren vor mich hin.

Heißer Sand im fernen Land,
die Sonne brennt herab.
Ein Mann stapft durch den Wüstensand
die Dünen auf und ab.

Mit Gedanken in der Ferne
hier im heißen Sonnenschein.
Er würde doch so gerne
zu Hause bei den Lieben sein.

Läuft weiter in den Abendschein
entgegen der sinkenden Sonne.
Langsam bricht die Nacht herein,
schaut in den Himmel vor Wonne.

Ein leuchtender Stern am Himmelszelt,
es könnt' der von Bethlehem sein,
verzaubert nun die Wüstenwelt
mit seinem fahlen Schein.

Glänzt auf die Wüstenwelt hernieder
und erstrahlt zu voller Pracht.
Selbst im Wüstenland ist wieder,
wieder einmal Heilige Nacht.

Thoralf Schirmer

Einmal in zwanzig Jahren

Vorsichtig, fast zärtlich, drückte er die Tür hinter sich zu und war zu Hause. Zum ersten Mal nach über zehn Jahren ging Konstantin wieder über das geflieste Schachbrett der Halle – ein Bauer, der unvermittelt zum Einsatz kommt, um den trägen König Schachmatt zu setzen. Nein, doch besser ein Läufer. Stark, ausdauernd, schnell wie ein Blitz, unberechenbar – so wollte Konstantin sein. Aus dem Schatten auftauchen und ebenso schnell wieder verschwinden, noch ehe der König überhaupt verstanden hatte, was hier gespielt wurde.

Konstantin sah auf seine Armbanduhr und entschied, dass er noch Zeit für einen kleinen sentimentalen Ausflug haben würde. Die Treppenstufen knarrten wie damals, als er einundzwanzig gewesen war, und doch anders. Er war schwerer geworden inzwischen. Sein Zimmer lag rechts auf dem Flur. Jetzt war eine Bibliothek darin. Bis zur Decke gingen die Regale mit den Büchern, nur die Wand mit den beiden Fenstern war frei. Dort standen zwei dicke, bequeme Sessel. Sie waren so gerückt, dass beim Lesen das Sonnenlicht genau auf das Buch fallen würde. Jetzt gab es freilich kein Sonnenlicht, es war Nacht und stockdunkel. Auf dem Fenster gegenüber spiegelte sich im Licht, das vom Flur hereinschien, der Umriss eines schlanken, nicht sehr großen Mannes in einem langen Mantel. Konstantin schloss die Tür wieder. Das hier war nicht mehr sein Zimmer, es roch nicht einmal mehr so.

Genau gegenüber hatte das Zimmer von Maximilian gelegen, aber auch das würde nicht mehr so sein wie früher, vermutete Konstantin. Wie er Maximilian einschätzte, war der wohl ziemlich bald nach Vaters Tod in dessen großes Schlafzimmer gezogen, das am Ende dieses Flurs lag. Konstantin hatte richtig getippt. Soweit man das im Schein der Taschenlampe erkennen konnte, hatte Maximilian nicht viel an dem Zimmer verändert – die Möbel aus Kirschbaumholz standen wahrscheinlich alle noch an ihrem Platz. Aber dennoch war seine Gegenwart sofort zu spüren. Auf dem ordentlich gemachten Bett lag ein hellblauer Seidenpyjama, wie ihn Vater nie getragen hätte. Irgendein Wappen war mit rotem Garn auf die Brusttasche gestickt. Auf dem Nachttisch sah Konstantin das Handelsblatt und darunter eine Zeitung in zartrosa Farbe liegen, wahrscheinlich die Financial Times. Das amüsierte Konstantin. Es hatte eine Zeit gegeben, da hatte er seinem kleinen Bruder Nachhilfe in Englisch geben müssen und war an dieser Aufgabe fast verzweifelt. Er hatte geglaubt, Maximilian würde die Zeitformen nie begreifen und keine Vokabel länger als zwei Wochen im Kopf behalten können. Am Ende eines langen, fruchtlosen Schuljahres hatte der Vater schließlich die Geduld verloren und Maximilian die ganzen Sommerferien in Pension zu einem privaten Englischlehrer, einem ehemaligen Offizier der britischen Alliiertenarmee, geschickt. Als er zurückkam, hatte Maximilian den Ansprüchen seines Vaters wieder genügt. Konstantin dagegen war der Verlierer dieser Geschichte gewesen. Sein Vater sagte es zwar nicht, aber Konstantin hatte deutlich gespürt, dass es ihm als Versagen ausgelegt wurde, bei seinem Bruder nichts erreicht zu haben.

Konstantin war immer der Versager gewesen. Er hatte sich zu früh und in die falsche Frau verliebt. Wegen ihr hatte er das Jurastudium abgebrochen und sich den Weg in Vaters Firma verbaut. Nicht, dass er große Lust auf einen Job als Justiziar einer Kette von Möbelfabriken gehabt hätte, die in ganz Europa verstreut waren. Eigentlich hatte es ihm sogar ein heimliches Vergnügen bereitet, seines Vaters Pläne zu durchkreuzen, ihm ein einziges Mal die Stirn zu bieten und auf den eigenen Willen zu bestehen. Konstantin wollte Musik machen, zusammen mit Freunden und einer Frau, die er zu lieben glaubte, die eine begnadete Jazzstimme hatte und jede Menge Swing in den Hüften. Immerhin war die kleine Band, die sich «The Splendid» nannte, bis nach London gekommen, hatte einen Plattenvertrag bekommen und sich nach dem ersten Flop getrennt. So hatte sich das der Vater freilich nicht vorgestellt, als er den achtjährigen Konstantin dazu bestimmt hatte, Klavierunterricht bei Mira Radotzki vom Koblenzer Kammerorchester zu nehmen. Vermutlich war es für ihn nur eine Übung in Disziplin gewesen, für Konstantin anfangs auch, aber dann hatte sich daraus eine Leidenschaft für Klänge und Harmonien entwickelt, an deren Kraft der Junge vorher nicht geglaubt hätte. Als sein Vater ihn in die nüchterne Welt der Zahlen und Paragraphen zurückholen wollte, war es zu spät gewesen. «Ich hätte wissen müssen, dass du nach deiner unzuverlässigen Mutter kommst.» Der Satz war Konstantin all die Jahre im Gedächtnis geblieben, und er wirkte noch heute wie ein Faustschlag. Er wusste, dass sich seine Eltern sehr geliebt hatten. Konstantin wusste auch, dass aus seinem Vater eine ungerechte Verbitterung sprach, dass er es nicht verkraftet hatte, seine Frau so früh an eine völlig ungeplante Krankheit verloren zu haben, und dass er ihr nun einen stummen Vorwurf daraus machte, ihn mit den Söhnen allein gelassen zu haben. Konstantin hatte das alles gewusst, aber er konnte seinem Vater diesen einen Satz nie verzeihen.

Und nun stand er wieder hier im Zimmer seines alten Herrn und versuchte eine klumpige Erinnerung herunterzuwürgen. Ihm war, als röche er Vaters Rasierwasser in der trockenen, überheizten Luft. Vielleicht gab es dieselbe Marke immer noch, sicher benutzte Maximilian sie auch. Beide waren sie von ihrem Vater in das Zeremoniell des Rasierens eingeweiht worden, aber wie das Rasierwasser hieß, das zum ersten Mal auf seinen Wangen gebrannt hatte, das hatte Konstantin in den drei Jahren, in denen er einen Vollbart getragen hatte, vergessen. Und heute hatte er einen Elektrorasierer.

Er ging zum Fenster hinüber, ohne die Taschenlampe einzuschalten. Von den Laternen, die die Auffahrt säumten, kam genug Licht. Er stellte sich seitlich in den Schatten, damit er von der Straße aus nicht gesehen werden konnte. Aber nur wenige Menschen waren so spät am Heiligen Abend in dieser noblen Vorstadtgegend unterwegs. Konstantin sah nur ein älteres Paar am Tor zur Einfahrt vorbeispazieren, Arm in Arm. Beide hatten dicke Mäntel an und Pelzmützen auf, deren heruntergeklappte Ohren sie fest umgebunden hatten. Es herrschte eine böse Kälte draußen. Der Sand der Auffahrt war so hart gefroren, dass man ihn unter den Schuhsohlen spürte wie Beton. Konstantin dachte an frühere Weihnachtsabende in dieser Stadt, die vermutlich alle so ähnlich gewesen waren wie dieser hier – entweder nass und grau oder frostig und klar, nie aber, so glaubte er sich zu erinnern, hatte es Schnee gegeben, jedenfalls keinen, der länger als eine Minute liegen geblieben wäre. London war in dieser Hinsicht nicht anders – Konstantin hasste die Winter dort. Ibiza war besser, da würde er irgendwann für immer bleiben, wenn Patty mitkam. Aber Ibiza war auf Dauer sehr teuer.

Von der katholischen Pfarrkirche klang Glockengeläut herüber. Das bedeutete, dass die Messe aus war. Maximilian würde bald zurück sein. Mit schnellen Schritten war Konstantin wieder auf dem Korridor. Er wollte im Wohnzimmer warten, gleich neben dem Weihnachtsbaum, das war ein angemessener Platz für einen Überraschungsgast. Allerdings schienen alternde Junggesellen kein Gespür für passende Auftritte zu haben, denn Maximilian hatte auf einen Baum verzichtet. Nur ein paar Fichtenzweige standen in einer Bodenvase beim Kamin und waren notdürftig mit silbernen Kugeln ausgestattet. Konstantin schichtete einige Scheite für ein Feuer. Dann holte er sich eine Flasche Whisky und zwei Gläser aus der Hausbar und machte es sich in der Nähe des Kamins in einem Sessel bequem, von dem er annahm, dass es Maximilians Lieblingsplatz sei, denn der Vater hatte hier gern gesessen. Das Feuer prasselte, aber die Wanduhr war lauter. So präzise wie sein Vater einst rechnete sie ihm mit trockenem Ticken jede Sekunde vor. Das Geräusch war provozierend, es klang wie ein knochiger Finger, der ungeduldig und missbilligend auf eine Tischplatte klopft. *Tick, Tick, Tick, geh, Junge, ich habe zu arbeiten, Tick, Tick, Tick, merkst du nicht, dass du meine Zeit verschwendest mit deinen Phantasien, Tick, Tick, Tick, tu endlich etwas Vernünftiges und sitz nicht nur herum!* Da Konstantin sich nicht rührte, wurde die Uhr deutlicher. Sie schlug zwölf Mal – laut, hart und kalt. Sein Whiskyglas war zur Hälfte gefüllt gewesen, jetzt war es leer. Maximilian kam spät. Würde er überhaupt kommen? Woher hatte Konstantin nur die Gewissheit genommen, dass sein Bruder diese Nacht zu Hause und allein verbringen würde? Sicher, er war den ganzen Abend hier gewesen. Erst spät hatte Konstantin, der in der Deckung seines Wagens geblieben war, weil er sich nicht schon vor der Tür abservieren lassen wollte, ihn ausgehen sehen – zur Christmesse, wohin denn sonst? Aber nun war er sich nicht mehr so sicher. Gab es da vielleicht doch eine Frau? Er musste sich eingestehen, dass er wenig über seinen Bruder wusste. Er begann sich Sorgen zu machen. Sein Zeitplan war in Gefahr. Denn, wie die Sache auch ausgehen würde, er musste noch vor ein Uhr wieder abfahren, um am nächsten Morgen pünktlich in seinem Hotelzimmer in Paris anzulangen, und vorher musste er den Wagen zurückbringen. Paris, das war sein Weihnachtsgeschenk für Patty, die er am Vormittag vom Flugplatz abholen würde. Sie musste nicht wissen, wo er am Abend zuvor gewesen war, während sie sich beim jährlichen und unumgänglichen Familientreffen in Sixpenny Handley langweilte. Sie ahnte nicht einmal, warum er sich in diesem Jahr so großzügig gezeigt hatte. Sie kannte auch Peter Bourmeister nicht, einen Freund aus Studienzeiten, der bei Paris wohnte und Konstantin gern und ohne viele Fragen das Auto seiner Frau geborgt hatte. Patty würde ihn hoffentlich auch nie kennen lernen.

Plötzlich zuckte ein Lichtstreifen unter der Wohnzimmertür hindurch. Konstantin hatte seinen Bruder nicht kommen hören, aber jetzt nahm er deutlich wahr, wie er in der Halle seinen Mantel ausschüttelte, um ihn so ordentlich aufzuhängen wie sein vorbildlicher Vater. Er hörte Maximilian husten, dann war einige Sekunden Stille, darauf folgten eilige Schritte, die sich dem Wohnzimmer näherten. Maximilian schien bemerkt zu haben, dass etwas nicht stimmte. Vielleicht war es der Geruch des Kaminfeuers, vielleicht auch (Konstantin ärgerte sich, dass er nicht darauf geachtet hatte) war die Wohnzimmertür offen gewesen, als Maximilian ging. Konstantin setzte sich lässig in Positur, aber die Tür öffnete sich nicht. Stattdessen entfernten sich die Schritte wieder. Der andere hastete jetzt offenbar die Treppe hinauf, wo das Schlafzimmer lag. Gleich darauf kam er wieder zurück. Diesmal näherte er sich vorsichtig, aber entschlossen. Jetzt flog die Tür auf. Mit einigen Sekunden Abstand folgte Maximilian. Er hatte eine Pistole in der Hand. «Lassen Sie alles fallen, was Sie in den Händen haben, und dann hoch damit!» Er sprach laut, um das panische Zittern in seiner Stimme zu glätten. «Los doch!»

«Wenn ich das tue, geht eins deiner schönen Whiskygläser kaputt.» Konstantin hob betont langsam beide Hände, in der Rechten das Glas. «Soll ich?»

«Stellen Sie's auf den Tisch!», befahl Maximilian. «Und passen Sie auf, dass ich beide Hände immer gut sehen kann! So, und jetzt erklären Sie mir, was Sie in meinem Haus zu suchen haben.»

«Dein Haus? Bring mich nicht zum Lachen. Die Hälfte von diesem Haus gehört wohl immer noch mir.»

Jetzt erst schien Maximilian zu begreifen. Er ließ die Waffe sinken. «Konstantin? Konni? ... Ja, bist du denn vollkommen bescheuert, mir solch einen Schrecken einzujagen, dich hier einfach einzuschleichen wie ein Einbrecher? Ich hätte dich erschießen können. Wie bist du überhaupt hier hereingekommen?»

«Ich habe mal versucht, Jura zu studieren, wie du dich vielleicht erinnerst. Wir hatten da auch einen Kursus in praktischer Kriminologie.» Konstantin grinste schwach. «Armes Mäxchen! Du hast dir fast in die Hosen gemacht.»

«Du bist und bleibst ein Riesenarschloch. Ich dachte, das würde sich ändern, wenn du älter wirst.» Maximilian kam herüber. Er legte die Pistole auf den Tisch und setzte sich, Konstantin gegenüber, aufs Sofa. «Also, was willst du? Halt, warte! Gib mir lieber vorher auch einen Whisky. Von dir darf ich ja wohl kaum erwarten, dass du frohe Botschaften oder Weihnachtsgeschenke überbringst.»

Konstantin hob verwundert die Brauen. «Was soll das denn heißen? Dein Weihnachtsgeschenk bin ich. Nach über zehn Jahren ist dein verlorener Bruder heimgekehrt. Ist das etwa nichts?»

«Nichts, worauf ich nicht hätte verzichten können», knurrte Maximilian und nahm einen großen Schluck Whisky. «Und besonders heute Abend.»

«Hey, Mäxchen, dieser Abend gehört der Familie. Darauf hat Vater immer bestanden, weißt du das denn nicht mehr?»

«Hör auf damit!» Maximilian knallte sein Glas wütend auf

die Tischplatte. «Die Familie war dir doch immer scheißegal. Komm einfach zur Sache! Warum bist du hier?»

«Kannst du dir das nicht denken?»

«Doch, natürlich. Aber dazu gibt es nichts mehr zu sagen. Vaters Testament hat dich eindeutig vom Erbe ausgeschlossen, und nach Ansicht unserer Justiziare dürfte es schwer anzufechten sein. Aber bitte, probier's doch! Bist ja selber Halbjurist.»

Der ironische Unterton war nicht zu überhören, aber Konstantin zwang sich, ruhig zu bleiben. «Ich habe Anspruch auf einen Pflichtteil, so viel habe ich von meinem Studium immerhin noch behalten.»

«Tja, das ist aber nur die halbe Wahrheit.» Maximilian lehnte sich in seinem Sessel zurück und fixierte seinen Bruder kühl. «Vater hat in seinem Testament erklärt, dass er dir deinen Erbanteil schon zu Lebzeiten ausgezahlt hat. Das habe ich dir doch geschrieben. Erinnerst du dich nicht mehr daran, wie oft du ihn während deines Studiums um größere Summen angepumpt hast? Angeblich brauchtest du ja eine Wohnung in der Innenstadt und einen anständigen Wagen. Ich tippe mal, dass du davon in Wirklichkeit die Probenräume für eure Band, die Technik und wer weiß was noch finanziert hast. Hab ich Recht? Jedenfalls hat Vater nie einen Pfennig davon wieder gesehen. Aber er hat dir trotzdem ein ansehnliches Startkapital überwiesen, als du nach London gegangen bist ...»

«Dreißigtausend Mark, mein Gott, was war das damals schon!» Konstantin war so abrupt aufgesprungen, dass sein Sessel zu kippen drohte. «Der alte Sack wollte mich doch nur zu gern los sein. Er hat mich billig abgefunden. So billig kommst du mir nicht davon, Mäxchen. Du hast nicht sein Format, auch wenn du dir große Mühe gibst. Ich denke überhaupt nicht daran, vor dir den Schwanz einzuziehen. Ich werde von dir wenigstens eine Viertelmillion bekommen. Allein das Haus und das Grundstück sind das Doppelte wert.»

Maximilian musterte, scheinbar gelangweilt, die Zimmerdecke. «Weißt du, ich habe keine Lust, mich zu wiederholen. Du hast dich Jahr für Jahr einen Dreck darum geschert, wie es der Firma geht. Es gab eine Zeit, da stand uns die Konkurrenz so sehr auf den Zehen, dass wir kurz davor waren, über die Hälfte unserer Filialen zu schließen. Wir haben das Ruder zusammen wieder herumgerissen, Vater und ich. Und dabei habe ich das eine von ihm gelernt: Investiere in die Zukunft deines Unternehmens, aber nie in ein Fass ohne Boden! Und du bist so ein Fass, Konni, du bist so eins. Aber wie gesagt: Wenn du es für richtig hältst, das Testament deines Vaters anzufechten, nachdem du nicht einmal so viel Anstand hattest, zu seiner Beerdigung zu kommen, dann tu's.»

«Ja, das hättest du wohl gern, du verdammter Moralapostel!», schrie Konstantin wütend. Die Fäuste in die Taschen seines Mantels gebohrt, ging er mit drohender Miene auf Maximilian zu. «Ich soll durch alle Instanzen klagen, bis ich schwarz werde, und du sitzt auf meinem Geld und lässt mich am ausgestreckten Arm verhungern. Aber so läuft das nicht!»

«Na, na.» Maximilian hob beschwichtigend die Hände. «Ich bin ja kein solches Schwein, wie du vielleicht denkst. Immerhin sind wir Brüder. Ich mach dir einen Vorschlag: Gib dein Zigeunerleben auf und komm zurück! Du kannst ja die erste Zeit wieder hier wohnen. Ich sorge dafür, dass du einen Job in der Firma bekommst.» Maximilian runzelte nachdenklich die Stirn. «Freilich, in die Geschäftsleitung kann ich dich nicht nehmen. Dafür bist du ja nicht ausgebildet. Aber im Versand, da ließe sich was machen. Na, was sagst du, Konni?»

Konstantin starrte fassungslos auf seinen Bruder, der die

Beine lässig übereinander geschlagen hatte und ihn erwartungsvoll anlächelte. «Scheiße», sagte er.

«Was denn? Einfach nur Scheiße?»

«Ja, verdammt!», brüllte Konstantin. «Wie kommst du eigentlich dazu, mir zu sagen, welches Leben ich führen soll?»

«Schade», sagte Maximilian. «Du kannst es dir ja noch überlegen. Ich nehme an, du bleibst bis morgen?»

«Ich bleibe keine Sekunde länger in diesem Haus als nötig.» Konstantin fühlte die Lederhandschuhe in seinen Manteltaschen. Sie waren so glatt und kühl wie das Gehabe seines Bruders, dieser wohlgeratenen Kopie seines alten Herrn. Er spürte, wie ein Hass aus Kinderzeiten in ihm hochkam. Es war wie Sodbrennen und schmeckte nach Karamellbonbons und bitteren Tränen. «Also wirst du mir nun meinen Anteil auszahlen oder nicht?!»

Maximilian verdrehte genervt die Augen. «Nein. Ich geb's dir auch gern schriftlich.»

Wie von selbst glitten Konstantins Finger in die Handschuhe. Wie von einer fremden Macht befehligt, trat er hinter den Sessel, in dem sein Bruder saß. Konstantin hatte sich bis jetzt nicht klargemacht, warum er so sehr darauf bedacht gewesen war, unerkannt aus Paris fort- und hierher zu kommen. Es wäre doch egal gewesen. Entweder gab Maximilian ihm das Geld oder nicht. Konnte es sein, dass er von Anfang an mit einer dritten Variante gerechnet hatte?

«Gib mir wenigstens einen Scheck über fünfzigtausend! Dann verschwinde ich für immer aus deinem Leben.»

Maximilian lachte hoch und weibisch. «Keinen einzigen Pfennig! Ich habe dafür hart ... Hey, was soll das?»

Konstantin hatte seinem Bruder blitzschnell einen Arm um den Hals gelegt. Er drückte ihn damit gleichzeitig in den Sessel und an die Rückenlehne. Mit der freien Hand angelte er nach der Pistole auf dem Tisch. Er hatte sich gemerkt, dass sein Bruder sie nicht entsichert hatte. «Was … soll … das?», krächzte Maximilian mühsam. Vergeblich versuchte er mit beiden Händen, Konstantins Griff zu lösen.

«Ich habe mal gelesen, dass die meisten Selbstmorde zu Weihnachten passieren», presste Konstantin zwischen den Zähnen hervor und riss seinen Bruder, der sich plötzlich wie wild aufbäumte, in den Sessel zurück. «Allein stehende und einsame Menschen, wie Junggesellen zum Beispiel, sind von diesen Weihnachtsdepressionen besonders gefährdet.» Ohne die Umklammerung zu lösen, packte er Maximilians rechte Hand und drückte die Pistole hinein. Es war ein kurzer und heftiger Kampf, ehe es Konstantin gelang, die fremde Hand mitsamt der Waffe gegen die Schläfe seines Bruders zu drücken. Der Schuss löste sich, Maximilian sackte zusammen, Blut spritzte über den Sessel, die schlaffe Hand mit der Pistole plumpste auf das Polster. Konstantin sprang zurück, um der Sauerei, die sich in Sekundenschnelle auf dem Boden ausbreitete, zu entgehen. Er ging um den Tisch herum und besah staunend sein Werk. Er hatte es also wirklich getan. Er hatte seinem kleinen Bruder eine letzte Lektion erteilt, hatte ihm gezeigt, wer hier die Bedingungen stellte, wer letztlich der Stärkere von ihnen beiden war. Er war der Sieger geblieben, der einzig Überlebende dieser bigotten Familie und also Alleinerbe. Was galt jetzt noch das Testament seines Vaters?

Konstantin sah sich im Zimmer um. Er rief sich ins Gedächtnis, wo er gewesen war, was er angefasst hatte, als er noch keine Handschuhe trug. Er hatte nicht viel zu beseitigen. Er nahm sein Glas, wusch es in der Küche aus und stellte es zurück in die Bar. Einer Eingebung folgend, legte er noch eine Weihnachts-CD ein, damit Maximilians Abschied echter wirkte. Dann schloss er die Tür zum Wohnzimmer und stieg ins Obergeschoss, um mögliche Spuren im Flur und im

Schlafzimmer zu beseitigen. Von unten herauf klang das Bach-Oratorium. «Jauchzet, frohlocket», sang Konstantin leise mit, während er die Türklinken mit einem Taschentuch polierte. Vom Schlafzimmerfenster her schimmerte es hell und unruhig. Das lenkte ihn ab. Er sah genauer hin, er riss die Augen auf, ihm entfuhr ein wilder und sehr unweihnachtlicher Fluch. Dann rannte er zum Fenster, um sich zu vergewissern. Es schneite. Wirkliche, dicke und federweiche Flocken. Sie hatten sich bereits als makellos weißer Teppich vors Haus gelegt. So einen Weihnachtsabend hatte sich Konstantin in seiner Kindheit immer vergeblich gewünscht, denn so etwas passierte in dieser Gegend höchstens einmal in zwanzig Jahren. Nun aber starrte er voller Entsetzen auf den Schnee, der ihn hier eingeschlossen hatte. So sauber wie ein frisches Laken lag er da, so weiß wie Vaters Weste, so leer wie ein Blatt Papier, auf das man den Namen des Mörders schreiben sollte. Keine Spuren, keine Fußabdrücke, auch nicht von Maximilian. Konstantin wäre der Erste, der diesen Schnee betreten würde. Genauso gut hätte er gleich einen Eintrag im Gästebuch hinterlassen können.

Konstantin lief in die Bibliothek, um dort aus dem Fenster zu sehen: Schnee. Er raste die Treppe hinunter, ins Wohnzimmer und riss die Vorhänge zur Seite: Schnee. Vielleicht konnte er Maximilians Schuhe anziehen und so Spuren vortäuschen, die man nur seinem Bruder, dem Selbstmörder, zuschreiben konnte. Nein, das war Unsinn! Außerdem hatte Maximilian seine Schuhe anbehalten. Mit dem einen Absatz stand er im Blut. Sein Kopf war auf die linke Schulter gerollt. Es sah aus, als musterte er Konstantin kritisch von der Seite. *Er starrt mich an!*, durchfuhr es Konstantin. *Er starrt mich an! Selbstmörder schließen normalerweise die Augen, bevor sie abdrücken, nicht wahr?*

Er ging zu der Leiche, um seinen Fehler zu beheben, doch

er hatte Angst, in das Blut zu treten, das überallhin gespritzt war. Ein falscher Schritt, und alles war aus. *Ich kann noch die Polizei rufen und denen sagen, ich hätte es nicht mehr verhindern können,* dachte Konstantin. *Ich kann es immerhin versuchen. Nein, das geht doch nicht! Ein Blick auf die Leiche, und sie wissen, was los ist.*

Maximilians verzerrtes Gesicht war einem Grinsen nicht unähnlich. Wer war denn nun der Sieger in dieser Geschichte geworden? Und Konstantin? Sollte es wirklich so sein, dass er in diesem Haus immer nur der Versager blieb? Sein Blick fiel auf die Pistole. Sie hing in Maximilians halb geöffneter Hand wie ein tröstliches Angebot. Vielleicht würde es ja in einer anderen Welt, wenn sie endlich alle zusammen waren, wenn auch Mutter wieder da sein würde, ja, ganz sicher sogar würde es dort einen neuen Anfang geben – sauber und unschuldig wie der Schnee.

Thoralf Schirmer

Brandenburger Weihnacht

Tinte tropft vom Abendhimmel,
dunkelblau ersäuft der Tag,
in den Stuben ein Gebimmel,
das lang in den Lüften lag.

Fern im Walde eine Kiefer
knarrt ihr letztes Abschiedswort.
Seufzend sinkt sie tief und tiefer,
und ein Auto bringt sie fort.

Vögel picken Stollenreste
regennass vom Fensterbrett;
saure Tage, frohe Feste.
Und Kartoffeln steh'n im Bett.

Schnee fehlt wieder unentschuldigt,
hatte wohl was Bessres vor,
doch vom Fernsehbildschirm huldigt
ihm trotzdem ein Knabenchor.

Eine Gans im Umluftherde
brät verträumt im Apfelsud.
Anfangs führte sie Beschwerde,
aber nun wird alles gut.

Ein Geläut ruft zu den Messen,
lockend, glockend durch die Stadt.
Manchen zieht's zum Abendessen,
mancher ist inzwischen satt.

Brigitta Stolpe

Staatsbaum 1954

«Zum liebenden Gedenken an Alfred Koslowski und seine Ehefrau Brunhilde, geborene Schmitz.»

Onkel Hermann steckt das Begräbnisvideo, obligatorisches Programm jedes Familientreffens, sorgsam in die Hülle und seufzt:

«Hätte ich die Kamera schon früher gehabt, dann hätten wir jetzt noch viele schöne Erinnerungen an Alfred und Brunhilde!»

Und der Familienstudiosus resümiert: In der Ehe von Alfred und Brunhilde habe sich das preußisch-männliche Prinzip mit dem rheinisch-weiblichen zu einer echten Symbiose vereinigt.

Die Koslowski-Schmitz-Gemeinde, fast zwei Dutzend, sitzt um den ovalen Tisch, und zwischen Wein-, Bier-, Limogläsern, Kaffeetassen und Cognacschwenkern stapeln sich Berge von Fotos, schwarz-weiß-matt oder hochglanz-buntglatt.

Hochzeitsfotos von Alfred und Brunhilde.

Fotos von Festen und Ferien.

Und immer wieder Weihnachtsfotos.

«Das waren noch richtige Weihnachtsfeste!», schwärmt Tante Trudi.

Ich halte ein Schwarzweißfoto, das inzwischen einen Graugelbstich hat, betrachte den abgelichteten Staatsbaum und lese auf der Rückseite:

«Weihnachten 1954.»

«1954 wäre Weihnachten beinah ausgefallen», sage ich.

Und die Familiengemeinde horcht auf.

Alles hing mit diesem Baum zusammen!

Für die Beschaffung eines Weihnachtsbaums war Brunhilde zuständig, so, wie sie insgesamt das Ressort des Dekors und alle Festfragen beherrschte. Das Schmücken des Tannenbaums gehörte allerdings zu Alfreds Aufgaben; denn hier waren in erster Linie preußisch-männliche Qualitäten gefordert: Sinn für Sicherheit – wegen der Brandgefahr – und Sinn für Symmetrie, da ein Staatsbaum nun mal nach ganz bestimmten Repräsentationsregeln anzuordnen war.

Weihnachten stand wieder vor der Tür und in der letzten Adventswoche auch ein Weihnachtsbaum, den Brunhilde beim Baumhändler auf dem Markt gekauft hatte. Jetzt konnte es feierlich werden!

Am Abend, als Alfred vom Büro heimgekehrt war und den Baum betrachtet hatte, rief er: «Brun – hil – de!!»

Diese folgte sogleich seinem Ruf, und wir Mädchen folgten ihr.

Da stand das Familienoberhaupt und hielt den Baum so weit von sich, wie es seine Armlänge eben zuließ.

«Was hast du dafür bezahlt?»

«Fünf Mark», war Brunhildes unbefangene Antwort.

«So ... so», sprach Alfred. Und nach etlichen Sosos fiel sein Urteil:

«Das ist kein Weihnachtsbaum. Das ist ein *Unbaum*!»

Nach einem knappen, klaren Vortrag, die Bewertungsmerkmale eines Weihnachtsbaums, seine Beschaffenheit und Haltbarkeit betreffend, demonstrierte uns Alfred, dass dieser Baum als Weihnachtsbaum völlig untauglich sei.

Schon jetzt rieselten die Nadeln. («Der überlebt ja nicht mal die Weihnachtstage!») Und sein Wuchs und die Anordnung seiner Äste und Zweige entsprächen nicht im Mindesten den zuvor erläuterten unabdingbaren Weihnachtsbaumanforderungen.

«Den musst du umtauschen!», befahl er.

Brunhilde murrte zwar wegen der ohnehin zu vielen vorweihnachtlichen Verpflichtungen, und wir Mädchen murrten aus Furcht, das weihnachtliche Procedere könnte empfindlich aufgehalten werden.

Aber Alfred hatte Recht!

Schon am nächsten Tag stand ein neuer Baum vor unserer Tür! Er war noch mit Kordel umwickelt und wirkte schmal, aber er war um einiges größer, sah frischgrün aus und roch richtig nach Weihnachten und Winterwald.

Gespannt warteten wir auf Alfreds Heimkehr und Urteil und umringten ihn, als er am Abend den Baum vorsichtig auswickelte und begutachtete.

«Brunhilde, was hast du dafür bezahlt?»

«Acht Mark!»

«So, so ...», sprach Alfred. «Das ist zwar ein Tannenbaum – aber kein *Weihnachtsbaum*!»

Er erläuterte noch einmal die Eigenschaften, die ein Weihnachtsbaum besitzen müsse, und stellte diesmal besonders den Sicherheitsaspekt heraus.

«Die Äste stehen ja fast senkrecht zum Stamm. Jede Kerze könnte im Nu den ganzen Baum in Flammen setzen.»

Und dann sprach er zu Brunhilde:

«Den musst du umtauschen!»

Unmut regte sich in Brunhilde. Der Weihnachtsbaumverkäufer habe ihr schon beim letzten Umtausch Schwierigkeiten gemacht und dann auch noch sein Mitleid wegen des peniblen Gatten geäußert. Da müsse sie sich ja schämen!

Der Weihnachtsfriede war gefährdet, und wir Kinder machten uns Sorgen.

Zwei Tage vor Weihnachten stand ein neuer Baum vor der Tür. Ohne dass wir die Kategorie «Edeltanne» kannten, fanden wir diesen Baum edel. Er schimmerte blausilbern und roch harzig und geheimnisvoll.

Das endlich würde unser Weihnachtsbaum sein! Weihnachten schien wieder gesichert! Des Abends fragte Alfred, diesmal eher behutsam:

«Brunhilde, was hast du dafür bezahlt?»

«Fünfzehn Mark!»

«Fünfzehn Mark?»

Alfred schwieg.

Doch dann hielt er wieder einen Vortrag. Diesmal war es ein Exkurs zum Preis-Leistungs-Verhältnis.

Der Baum habe eine unbeschmückbare Spitze von einem Meter und nur zwei beschmückbare Astetagen. Wenn man nun, um eine Weihnachtsbaumästhetik herzustellen, die

Spitze um die Hälfte verkürzen würde, dann stimme zwar die Symmetrie, nicht aber der Preis! Außerdem sei der Baum dann zu klein.

«Den musst du umtauschen!»

Brunhilde brauste los:

«Jetzt ist Schluss! Ich bring den Baum zurück, aber ich hole keinen neuen mehr! Du kannst dir einen Baum malen oder im Wald schlagen!»

Und damit verschwand sie samt Baum in der Dunkelheit.

«Habt ihr denn einen Weihnachtsbaum gekriegt?», fragt Sascha, das hyperaktive Kusinenkind.

Der Koslowski-Schmitz-Clan wird lebhaft, scheint sich in Alfred- oder Brunhilde-Anhänger zu spalten.

Alfred hatte keinen Baum geschlagen und auch keinen Baum gemalt. Und Brunhilde machte auch keinerlei erneute Baumkaufanstrengungen. Die Eltern sprachen kein Wort mehr miteinander und waren sich böse, und wir Mädchen waren böse auf beide! Weihnachten drohte auszufallen!

Der Morgen des Heiligabend 1954 war trübe.

Sonst hatte am Tag des Heiligen Abends bei aller Geschäftigkeit schon ein Glitzern in der Wohnung gelegen. Jetzt schien alles erstarrt, und die Stunden schleppten sich hin.

Gegen Mittag klingelte es.

Wir Mädchen rasten zur Tür und öffneten sie.

Da stand ein Weihnachtsbaum, hoch bis zur Decke und breit zum Verstecken. Dahinter wäre niemand und nichts zu sehen gewesen!

«Der Weihnachtsbaum ist da!», schrien wir.

Ungefähr so wie: Der Erlöser ist da!

Er war ein Prachtstück, ein Staatsbaum! Er erfüllte alle Weihnachtsbaumkriterien mit Bestnoten, und nachdem Alfred ihn im Wohnzimmer aufgebaut hatte, konstatierte er kurz und klar:

«Das ist ein *Weihnachtsbaum*!»

Brunhilde machte sich in der Küche zu schaffen, um halbwegs nachzuholen, was sie an Koch- und Backarbeit während der Zeit des häuslichen kalten Krieges versäumt hatte, und wir Mädchen probten für unseren Weihnachtsauftritt.

Alfred begann mit der entscheidenden Arbeit: dem Schmücken des Staatsbaumes, was einem Staatsakt gleichkam!

Zunächst mussten annähernd fünfzig Kasten, Kisten und Kistchen aus dem Keller nach oben geholt werden – und bei diesem deckenhohen Baum würde alles gebraucht werden: die großen und die kleinen Kugeln, die bunten ebenso wie die goldenen und silbernen, sodann alle Gablonzer Glasfigürchen, die den Bombenangriff 1944 überlebt hatten, außerdem die Leichtblechnikoläuse und -engelchen, die Holztierchen, die es für die Zwangsspende an das Winterhilfswerk gegeben hatte und die trotz dem ganzen Schwachsinn ganz hübsch und vor allem leicht aufzuhängen waren, die kleinen Wachsengel, die Strohsterne, die Perlenketten aus Brunhildes Weihnachtsschmuckmitgift, die diversen Kerzenhalterungen und die Befestigungsmaterialien in Dutzend verschiedenen Ausfertigungen, die Lamettafäden, die einzeln verpackt waren und auch einzeln aufgehängt wurden, dann die Christbaumspitzen, vier an der Zahl, zur Auswahl und zu guter Letzt noch ein neues Kästchen, in dem Knickebeinfiguren und Schokoladenbrezeln lagen, die aufgehängt werden sollten und die den Abbau des Weihnachtsbaums erträglich machen würden, weil wir sie dann essen durften.

Als Alfred diese Arbeit – und es war ja keine Kleinigkeit – erledigt hatte, begann er mit dem Auspacken.

Auch dies war eine Tätigkeit, die Besonnenheit und planerisches Handeln, vor allem aber Zeit erforderte. Hinzu kam, dass das jeweilige Verpackungsmaterial, Holzwolle, Papier und Bindfäden, sorgfältig beiseite gelegt werden musste; denn es sollte alles wieder verwendet werden, und alles aus dem Krieg Gerettete müsste für alle Zeit gerettet bleiben!

So war Alfred hinter der verschlossenen Wohnzimmertür am Werk! Es begann schon dunkel zu werden, als Brunhilde, der wir gefolgt waren, leise die Zimmertür öffnete, um sich vom Fortschreiten der Schmückarbeit ein Bild zu machen.

Auf dem Tisch lagen alle ausgebreiteten Baumutensilien, und Alfred stand auf der Leiter, in die Wahl der geeigneten Christbaumspitze vertieft.

«Alfred!», schrie Brunhilde. «Bist du immer noch nicht weiter?»

Brunhilde hatte die Frage gestellt, die auch uns bewegte. Aber im Tonfall war sie wohl unangemessen; denn jetzt brach der heiße Krieg aus!

Wer hat denn keinen gescheiten Baum rechtzeitig besorgt?

Und wer übertreibt denn hier?

Und wer …?

Und wer …?

Du!

Nein, du!

Wir wurden ins Kinderzimmer geschickt, aber die beiden beschimpften sich so laut, dass wir auch von dort jedes Wort mitbekamen.

Schließlich platzte Brunhilde heraus:

«Du bist ein Kleinigkeitskrämer!»

Und nach einer Wirkpause setzte sie noch drauf:

«Du bist ein Kinkerlitzchenskerl!»

Und auf dem Zenit ihres Zornes schrie sie:

«*Korinthenkacker*!»

Und damit knallte sie die Tür ohne Rücksicht auf die Putzbröckelgefahr hinter sich zu.

Sascha klatscht sich auf die Schenkel und ruft:

«Fliegenficker! Fliegenficker!» Lacht sich dabei halb tot, während der Beifall im Familienkreis mäßig bleibt.

Inzwischen war es vollends dunkel geworden. Brunhilde hatte nach der Wohnzimmertür noch eine zweite Tür hinter sich zugeknallt: die Schlafzimmertür. Das war eindeutig! Mit ihr war Heiligabend nicht mehr zu rechnen!

Wir Mädchen schauten aus dem Fenster auf die Straße.

Alles war traurig und trostlos. Wir zündeten die Kerzen an, die wir von der Lehrerin bekommen hatten, um sie Heiligabend als Zeichen des Gedenkens an die Brüder und Schwestern hinterm Eisernen Vorhang auf die Fensterbank zu stellen.

So brannten denn unsere Kerzen.

Wir waren die Schwestern hinterm Eisernen Vorhang!

Dann gingen wir bedrückt zu Bett. Niemand hatte uns «Gute Nacht» gesagt, von «Fröhliche Weihnachten» ganz zu schweigen.

Meine Schwester las mir das Märchen von «Hänsel und Gretel» vor, und im Schlaf war ich bei Hänsel und Gretel, ausgesetzt im dunklen Wald, hungernd und frierend.

Am Morgen stand Vater im Türrahmen.

Jetzt sei Weihnachten!

Wir purzelten aus den Betten und stürmten ins Weihnachtszimmer, vorbei an Mutter. Diese, immer noch rebellisch, zischte Vater ihr schlimmstes Schimpfwort zu:

«Pimock!»

«Furie ...», wollte Vater nun mit seinem schlimmsten Schimpfwort kontern. Aber sein Stolz über die geleistete Baumarbeit und seine Verpflichtung als Familienoberhaupt zum weihnachtlichen Frieden ließen ihm nur ein «Fu ...» entfahren.

«Fu ... fu röhliche Weihnachten!», sprach er und gab dabei den Blick auf den Weihnachtsbaum frei.

Da stand er!

Der Staatsbaum!

Die Idee eines prächtigen, bunten und glänzenden, nach allen Seiten gegliederten, alle Sicherheits- und Repräsentationskriterien erfüllenden Baumkunstwerks war mit insgesamt 3647 Einzelteilen in vierzehneinhalbstündiger Arbeit Wirklichkeit geworden!

Die Kerzen brannten. Aber bei Tageshelle gaben sie ihr Licht nicht weiter, blieben für sich. Alles schien für sich zu bleiben: die Krippe, die Geschenke und der Weihnachtstisch. Und wir wussten nicht, wie wir mit dem Feiern anfangen sollten.

Singen? Geschenke auspacken? Plätzchen essen?

In die allgemeine Ratlosigkeit hinein fragte Vater:

«Nun, wie ist er ... der Baum?»

«Ein *Staatsbaum*!», posaunte Mutter und glich dabei einem Friedensengel.

Jetzt sangen wir, packten unsere Geschenke aus und aßen gleichzeitig Plätzchen. Dann kamen die lieben Verwandten, und wieder packten wir Geschenke aus, sangen und bezwangen die Weihnachtsgans.

«Ach, was waren das früher schöne Weihnachtsfeste», schwärmt Tante Trudi.

Ich betrachte noch einmal die Schwarzweißfotografie und erinnere mich, wie prächtig, bunt und glänzend dieser Baum war, der bis Mariä Lichtmess 1955 keine Nadel verloren hatte ...

Edgar Dembeck

Der Weihnachtsengel von Orotava

Es gibt auf der kanarischen Insel Teneriffa ein kleines Dorf mit einem ehemaligen Franziskanerkloster, in dem sich Anfang des 16. Jahrhunderts zur Weihnachtszeit Folgendes abgespielt hat:

«Soweit ich mich erinnere, muss es im Jahre 1537 gewesen sein, als ich von einer langen Wanderung endlich das Orotava-Tal erreichte. Es war um den 24. Dezember, wobei ich noch genau weiß, dass ich vom heiligen Berg des Pico del Teide über El Portillo in die weite Talebene gekommen war, um bei der leer stehenden Villa des Weinbergbesitzers Antonio Morano eine kleine Pause einzulegen. Das Haus lag hoch oben in den Weinbergen, und die Aussicht auf Orotava, auf die grüne Ebene und das tosende Meer war wunderschön. Es war ein Ort der Ruhe und eine Oase der Harmonie.

Da dies genau der Zeitpunkt des Sonnenuntergangs war, wollte ich an diesem ausgewählten Platz meditieren. Wie immer ...», und dabei schaute mich der geheimnisvolle Erzähler mit magischen Augen an, »... wie immer sind Sonnenauf- und -untergang entscheidende Zeiten innerer Öffnung. Gerade dann sind Reisen aus unserem Körper möglich.

Du weißt, dass wir nur durch die Konzentration der Stille unsere Weisheit erfahren. Bei dieser Meditation ist die Loslösung von der momentanen realen Situation für den Empfang von Visionen und Bildern ausschlaggebend.

Also, ich saß auf der Bank vor der Villa und beobachtete den weiten Horizont, der überall zu brennen begann.

Eine feuerrote Fläche begrenzte meinen Blickwinkel.

Weit im Hintergrund erkannte ich noch die schwachen

Umrisse von La Palma. Wie ein kleiner schwarzer Tropfen lag die Insel da; völlig regungslos.

Die Sonne fiel als tiefrote Kugel im Zeitlupentempo in das stahlblaue Meer. Unweigerlich zwang sie sich in die Fluten, beinahe ängstlich, als würde sie beim Eintauchen gelöscht werden. Ja, fast gewaltsam, nicht aufhaltbar, so schien es, versank sie vorsichtig mit zittrigem Körper. Im Moment der Berührung war eine enorme Energieentfaltung zu spüren.

Über dem breiten purpurfarbenen Randstreifen erschienen die ersten Sterne. Zuerst nur wenige, dann rechts und links vor mir mehrere größere Himmelskörper. Manchmal erschienen sie so spontan, als würde jemand einen Lichtschalter anknipsen. Ich fühlte, dass mit dem Eindringen der untergehenden Sonne in unsere noch warme Erde viele ‹neugeborene Sterne› hochgeschleudert wurden.

Um mich herum schwieg alles ehrfürchtig. Sogar die Natur empfing spürbar diese neue Energie. Jedes Element wurde zum Mitschwingen, Mitschweigen und Loslassen veranlasst. Diese Abläufe vollzogen sich in nur wenigen Sekunden, und man hatte den Eindruck, als würde für einen einzigen Augenschlag die Zeit angehalten werden.

Gerade als die Sonne im Meer versank, explodierte am Himmel genau über dem Ort des Untergangs ein riesiger Stern, und es erschien aus dieser Öffnung ein ...»

Der alte Mann hielt inne und ergriff schnell meine Hand. Sein Mund bebte und zitterte, als wollte er diesen einen Satz noch zu Ende sprechen. Doch ich konnte nichts hören!

Sein Körper bäumte sich kurz auf, dann gab er mir mit seiner Hand ein Zeichen, dass ich näher zu ihm heranrücken sollte. Als wir uns fast berührten und ich seinen schweren Atem spürte, flüsterte er: «... aus dieser Himmelsöffnung erschien mir ein strahlend weißer Engel, der mit seinem Licht den ganzen Horizont taghell erleuchtete. Ich schrie vor

Überraschung laut auf. Dieser Engel war nicht nur von schöner Gestalt, sondern übte eine solche faszinierende Ausstrahlung auf mich aus, dass ich überwältigt niederkniete und betete. Konzentriert blieb ich einige Zeit in dieser Haltung. Nachdem sich das All beruhigt hatte, verspürte ich über meinem Kopf einen warmen Luftzug und sah, dass der Engel langsam zu mir schwebte. Dann blieb er nur ein paar Meter von mir entfernt stehen. Ich stand auf und schaute ihm gebannt in die Augen. Dabei spürte ich, dass ich außerhalb meines Körpers war. Ich drehte mich um und sah meine eigene Gestalt, die vor dem Engel kniete. Dieser sprach mit ruhiger Stimme: ‹Ich bin Lena, der Schutzengel aller Menschen. Du hast mich gerufen. Wenn ich dich jetzt berühre, wirst du für alle Zeiten unsterblich und kannst damit meine Friedensmission fortsetzen. Jedem Menschen, dem du in Zukunft die Hand gibst oder den du auch nur berührst, wird das gleiche Glück der inneren Unsterblichkeit widerfahren. Weiterhin werden sie alle zu überzeugten Friedensstiftern. Das einzige wirksamste Mittel für den Frieden ist die Liebe. Nur die wahre Liebe ist das Maß aller Dinge; nur sie kann Brücken bauen, die niemals zerstört werden können. Nur diese Liebe ist der einzige Sinn des Lebens! Zum Zeichen meiner Dankbarkeit schicke ich dir noch heute einen außergewöhnlichen Jungen, der soeben geboren wurde!›

Dann verschwand der Engel. Er löste sich einfach in Luft auf. Ich öffnete meine Augen, als wäre ich aus einer tiefen Trance erwacht, und suchte den ganzen Himmel nach dieser phantastischen Erscheinung ab. Nichts! In der Nähe des Mondes fiel mir nur ein ungewöhnlich großer und heller Stern auf, den ich bisher nie in meinem Leben gesehen habe. Aber höre zu, was ich dann weiter erlebt habe!»

Neugierig wartete ich auf die Fortsetzung seiner Erzählung.

«Nach diesem eindrucksvollen Erlebnis ging ich, da es inzwischen schon dunkel geworden war, mit eiligen Schritten weiter Richtung Orotava. Von weitem vernahm ich vertraute weihnachtliche Klänge, die zu dieser Zeit aus allen hell erleuchteten Häusern drangen. Das schwache Licht der Straßenlaternen in der Calle San Francisco flackerte, als ich kurz vor dem dort befindlichen Franziskanerkloster den Schrei eines neugeborenen Kindes hörte. Da das Kloster im Dunkeln lag, blieb ich stehen, um nochmals in die Nacht zu lauschen. Aber ich hörte kein Schreien mehr, nur noch weit entfernt das Kläffen eines Hundes. Ob ich mich bei diesem Geräusch getäuscht hatte und es vielleicht nur von einer streunenden Katze kam? Entschlossen ging ich weiter und erreichte alsbald den Treppenaufgang zum Kloster, als ich beinahe von einer schlanken Gestalt, die von der Treppe hinuntergeeilt war, umgerannt wurde. Im Moment der Begegnung sahen wir uns für einen winzigen Augenblick an, und da der Vollmond günstig stand, erkannte ich ein wahrhaft hübsches Mädchengesicht. Dieses war voller Schönheit und Ausstrahlung, dass ich es nie vergessen werde. Entzückt und verwirrt zugleich schaute ich ihr nach, bis sie in die Calle Salazar eingebogen war.

Von einer inneren Unruhe getrieben, wollte ich wissen, woher sie gekommen war. Zügig stieg ich die steinernen Treppen bis zum Eingangsportal hoch und stolperte über einen größeren Gegenstand, der an der letzten Stufe abgestellt war.»

Der alte Mann unterbrach die Erzählung und atmete lange und tief durch, als wollte er dadurch bei mir bewusst die Spannung erhöhen.

«Ja, mein guter Freund!», fuhr er fort. «Du kannst dir wahrscheinlich vorstellen, was dort am Klostereingang abgelegt wurde, aber ich will dich nicht weiter auf die Folter spannen. Höre zu!

Ich nahm den unbekannten Gegenstand hoch und erkannte im Halbdunkel, dass es ein größerer Korb mit einem geflochtenen Henkel sein musste. Ich griff vorsichtig hinein und spürte etwas Weiches. Zugleich klopfte ich an die schwere Holztür, bis mir ein junger Mönch öffnete. Ich erklärte ihm die Situation, worauf er seine brennende Kerze über den Korb hielt und hineinleuchtete. Und tatsächlich! Es lag ein neugeborenes Kind darin, welches seelenruhig schlief.

Da es im Patio sehr kühl war, nahmen wir den Korb mit in den Gebetssaal, wo wir uns das Neugeborene genauer ansahen. Es war ein ausgesprochen hübsches Kind mit wenigen dunklen, aber lockigen Haaren, einem süßen Näschen und kleinen zusammengeballten Fäustchen. Es atmete gleichmäßig und sah kerngesund aus. Auf dem Gesicht lag eine innere Harmonie und Zufriedenheit, die mich tief berührte. Als der freundliche Mönch mir erklärte, dass er sich um das liebe Kind kümmern und für es sorgen wolle, fiel mir ein Stein vom Herzen. Glücklich und erleichtert verließ ich das Franziskanerkloster. Auf der Straße erinnerte ich mich schlagartig an die Worte des Engels Lena, der mir heute eine Geburt angekündigt hatte. Nun wurde mir einiges klar. Dieses Kind im Korb muss der außergewöhnliche Junge sein! Ich konnte es einfach nicht fassen! Das alles an diesem Heiligabend und dem Tag der Geburt Christi. Viele, viele Gedanken gingen mir durch den Kopf.»

Dann schwieg der Erzähler für einige Minuten, als wollte er sich neu sammeln. Er lehnte sich in seinem Stuhl weit zurück, als er endlich sein Schweigen brach und weitererzählte: «Ja, Fremder. Das hatte ich alles vor ein paar hundert Jahren persönlich erlebt und kann dir weiter berichten, dass dieses Findelkind wirklich ein Junge war und schon in seiner Jugendzeit außergewöhnliche Fähigkeiten besaß. Heute ist er einer der bekanntesten Heiler und Hellseher Europas.

Man sagt ihm nach, dass er jeden kranken Menschen heilen könne und dass er ein wiedergeborener Prophet sei. Jedenfalls wird er noch heute überall verehrt. Er hat sehr viele Anhänger und lieferte unzählige Beweise seiner Heilkunst. Einmal, nach der Herkunft seiner besonderen Heilfähigkeiten befragt, antwortete er: ‹Diese Kraft kommt nicht von mir. Auch ich bekomme sie geschenkt und habe nur die göttliche Aufgabe, sie weiterzugeben. Die helfenden Medikamente sind der Glaube und die Liebe. Damit können wir alles erreichen, alles! Aber nur damit!›

Nach diesem Vorfall wurden in den folgenden Jahren immer wieder neugeborene Kinder in Körben am Klosterportal abgelegt. Es waren meistens Jungen. Später hatte man neben dem Eingang eine hölzerne Drehwiege einbauen lassen, um ledigen Frauen Gelegenheit zu geben, ihre unehelichen Kinder dort hineinzulegen. Das galt allerdings nur für junge Mütter, die keine Möglichkeit hatten, ihr Neugeborenes selbst aufzuziehen. Natürlich hofften auch einige Mädchen, dass ihr Sohn auch ein berühmter Heiler werden möge, was jedoch nie mehr der Fall war. Im Übrigen kann man heute noch an dem ehemaligen Franziskanerkloster in Orotava, das jetzt ‹Hospital de la Santisima Trinidad› heißt, die Drehwiege neben der Pforte bewundern.

Von der Klosterterrasse hat man einen weiten Blick über das liebliche Orotava-Tal.

Solltest du dich noch für weitere wahre Erlebnisse dieser Art interessieren, komme zur Weihnachtszeit nach Teneriffa, und dann kannst du diesen grandiosen Sonnenuntergang selbst erleben. Vielleicht hast du die einmalige Chance, eine ähnliche persönliche Botschaft oder Vision zu erfahren, was mich sehr freuen würde!»

Der unbekannte Erzähler schaute mich dabei eindringlich an und hob seine beiden Hände ausgestreckt gegen den

Himmel. Über sein freundliches Gesicht legte sich ein glückliches Lächeln von innen. Dann küsste er mich wortlos auf die Stirn und verschwand.

Jutta Neher

16. Dezember anno domini

Ungeduldig treibt der Wind wässrige Schneeflocken vor sich her, wirbelt sie in wildem Tanz auf und nieder, wirft sie gegen die Scheiben. Weiße Kristalle, die auf den glatten Flächen hinunterrutschen und sich am Fensterrand in einem breiten Spitzenbesatz sammeln. Es ist noch früh am Morgen, um die siebte Stunde. In den Büros oder den Fabriken wird bereits gearbeitet. Das bevorstehende Weihnachtsfest beschäftigt die Gedanken, ist Gegenstand der Gespräche. Geschenke, die noch zu besorgen sind, das abendliche Gedränge in den Kaufhäusern, das Festessen, die Familienrituale, das Für und Wider des Festes überhaupt, dessen innere Bilder im Konsumglanz verloren gingen. Plätzchenrezepte werden ausgetauscht und Kostproben verteilt. Ein ganz normaler Tag, dieser 16. Dezember, der sich auf die Wochenschnur reiht wie alle Tage vor ihm. Nur ab und zu fällt ein Blick nach draußen, trifft auf das Dunkel des Wintermorgens.

Um die achte Stunde, in der das noch ahnungsvolle fahle Grau eines kalten Schneeregentages gewohntermaßen vom Anbruch des Tages kündet, wandern die Blicke der Menschen häufiger durch den dunklen Himmelsraum, den Tag anfragend. Doch finden sie nichts als Schwärze, das schwarze Nichts des unendlichen Raumes, das sie einhüllt, erhellt nur von den künstlichen Lichtern der Menschenwelt: Lichterketten über Straßen und um Tannenbäume, Lichtspiele in Fenstern, die unübersehbar vom baldigen Fest künden. Wie seit Jahrtausenden war die Sonne am Abend untergegangen, hatte den Tag abgelöst ohne irgendein Anzeichen, eine drohende Gebärde vielleicht, die die Herzen schon in Schrecken versetzt und die Sehnsucht nach dem Morgen mit dem neuen Erwachen des Lichtes bereits in den ersten Abendstunden eingebrannt hätte.

Immer unruhiger gleiten die Blicke hinaus in das Dunkel an diesem Tag im Advent Anno Domini, an dem die Sonne nicht zur gewohnten Zeit im Horizont aufsteht, sich nicht von ihrer Nachtfahrt über den Himmelsrand erhebt. Nicht ein einziger erster zarter Lichtschleier wirft sich in die Dunkelheit, Gewähr, dass der Himmel sich bald hell über den Menschen und den Landen wölbt, dass alles seinen unbeirrbaren Gang geht, fest und sicher, bleibend und tröstend.

Eine weitere Stunde vergeht – und es wird nicht Tag. Die Angst, dieser bis zu dieser Stunde nie erlebte Schrecken des Ausbleibens des Lichtes, bahnt sich ihren Weg in die Gedanken. Das Unbekannte, Bedrohliche aus dem riesigen Raum, der die Erde umfängt, treibt die Menschen fragend zueinander.

In den Nachrichten wird die Tatsache des Nichterscheinens des Lichtes eher nebensächlich erwähnt, die Verunsicherung ist zu tief. Mit dürren Worten wird zugesichert, dass Wissenschaftler mit allen Kräften dieses Unnatürliche erforschen und Wege und Mittel suchen, die unbedrohliche Normalität wiederherzustellen. Eine Stunde später erklärt der Nachrichtensprecher, dass weltweit Regierungschefs in engem Kontakt stehen. Doch könne noch nicht gesagt werden, welche überirdische Macht, welcher verborgene Feind dieses Phänomen verursache. Die Bevölkerung möge Ruhe bewahren, Ruhe sei die erste Bürgerpflicht in derartig außerordentlichen Situationen. Es solle weiter der Arbeit nachgegangen werden, ruhig und diszipliniert, als wäre alles wie immer, ein ganz normaler Arbeitstag, dieser 16. Dezember.

Krankenwagen mit Blaulicht hasten durch die Straßen, die Krankenhäuser füllen sich mit Patienten, denen die Angst das Herz abschnürte. Kirchenglocken läuten über die Lande. Menschenmassen drücken durch die Türspalten, denn breit wird kein Tor geöffnet. Endlich ist der Tag gekommen, diese lang ersehnte Stunde, in der öffentlich in Härte abgerechnet werden kann, die vielgesichtigen Demütigungen der Zurückweisung und Nichtbeachtung des Kundendienstes heimgezahlt werden dürfen. Denn jetzt sind die Herzen bereit für das mächtige Wort der Heimsuchung und Vergeltung, der adventlichen Bereitung und möglichen Umkehr, bevor die Erde vergeht und nur noch Hölle, vielleicht für einige auch Himmel bleibt, wie Radio Vatikan siegesgewiss versichert. Die Öllampen möge man bereithalten und dem Bräutigam entgegengehen.

Angesichts des Unbegreiflichen in tiefer Not beginnen die Menschen, in sich zu rechten und zu fechten, zu feilschen und zu betteln, dass der Gott, der sie bisher in Ruhe gelassen und nichts Gutes und nichts Böses verlangte, die gute Absicht und Meinung in allem, die wenige Zeit, die man als Mensch nun einmal für so weit entfernte Mächte, die nicht auf der Erde regieren, übrig hat, in der rechten Weise erkennen möge. Er, in seiner Großzügigkeit und Liebe, möge angesichts der bevorstehenden Geburtsfeier seines Sohnes doch dieses eine Mal vergeben, Nachlässigkeit und Trägheit des Herzens verzeihen und die rechte Ordnung wiederherstellen.

Während sich die Menschen angstvoll unter die Kanzeln ducken, Sender der Radiostationen und des Fernsehens in Sonderprogrammen berichten, wie andernorts Menschen mit diesem Unbegreiflichen umgehen und versuchen, sich darin einzurichten, die Bedrohung durch das Ungewöhnliche verwandeln und einfügen in ihren Nachttag, wie man sich brüstet mit neuen Erkenntnissen und Beweisen, neuen einleuchtenden Erklärungen und Begründungen – schiebt sich ein feiner rosafarbener Sonnenstrahl über den Horizont, zaghaft und ein wenig schüchtern, hatte sich die Sonne doch an diesem Tag verschlafen. Der Mond, eifersüchtig auf das große Licht, das mit Wärme und goldenem Glanz den Tag erhellt, von den Menschen mehr beachtet, und er, dieses kleine Licht, dessen Glanz ein Widerschein des großen Lichtes ist, Bewunderung nur von den Nachtmenschen und Träumenden, den Liebenden erhält, hatte an diesem einen Morgen, als er sich schlafen legte, die Sonne nicht geweckt, wie er es sonst zu tun pflegte, Jahr um Jahr, seit Jahrmillionen. Ein einziges Mal wollte er den Menschen kundtun, dass er, der die sehnsuchtsvollen Gedanken der Herzen sammelt und in den Tag geleitet, der Wächter des großen Gestirns ist, wächst der Tag doch aus der Nacht. Die Menschen, geschäftig mit der Aufklärung des Dunkels befasst, die in den Radio- und Fernsehzentralen mit dem Sammeln und Ausstrahlen aller Details beschäftigt waren, die in den Kirchen sich um die Geistlichkeit scharten, wie eine angstvolle Schafherde sich vor dem Angriff der Wölfe zusammendrängt – sie alle gewahrten nicht den Sonnenstrahl, bemerkten nicht das Licht, das sich langsam ausgoss vom Osten her.

Wolfgang J. Hochhaus

Die weihnachtliche Verlobung

Horst und ich beschlossen, unsere Verbindung offiziell zu verkünden. Mit anderen Worten, wir beabsichtigten uns zu verloben. Immerhin gingen wir – so nannte man das seinerzeit – miteinander schon ein Jahr. Hier und da gab es bereits anzügliche Bemerkungen. Dem wollten wir ein Ende machen, also der Konvention genügen. Die heutige Generation wird dafür überhaupt kein Verständnis haben, doch zu unserer Zeit war das noch ganz anders. Man war prüde, alles musste anständig und in Ehren geschehen, denn was dachten die Leute! Geplant war, das Verlöbnis still und heimlich zu begehen, gewissermaßen überraschend Verwandte und Freunde mit Karten von Hilde und Horst als Braut und Bräutigam zu grüßen. Erfolgen sollte dies am zweiten Weihnachtstag. Aus der Einsamkeit eines Nehrungsdorfes – wir dachten an Rossitten – wollten wir dann die Grußbotschaft in die Welt hinaussenden. Aber denkste! Es kam ganz anders. Von unserem romantisch empfundenen Vorhaben verblieb nur die Verlobung als solche und der Zeitpunkt, nämlich Weihnachten. Irgendwie erfuhr meine künftige Schwiegermutter von unserer Idee. Sie, mit ihrem ausgeprägten Sinn für Repräsentation und Feiern, machte einen Strich durch unsere Rechnung. Da sie jedoch auch die Rechnung für die Feierlichkeit übernahm, sollte sie ihren Willen haben. (Doch ich nahm mir vor, in der künftigen Ehe nicht so willfährig zu sein!)

In dem bekanntesten Weinlokal der Stadt bestellte sie ein großartiges Diner, wozu natürlich eine festlich geschmückte Tafel gehörte. Das Lokal befand sich im Königsberger Schloss und führte den ‹anheimelnden› Namen Blutgericht. Tief im

Keller lagen die historischen Räume, und gemütlich ließ es sich dort speisen und bechern.

Horst holte mich zu dieser Feierlichkeit frühzeitig ab, und so bummelten wir in der einsetzenden Dämmerung durch die tief verschneiten Straßen. Nur die Gehwege waren befreit vom Schnee. Hohe Wälle säumten die Bürgersteige hin zu den Fahrstraßen. Schneehauben krönten die Gaslaternen, deren fahles Licht die weiße Umgebung glitzern ließ. Von der Poststraße kommend, bogen wir in die Junkerstraße ein, unseren ‹Kurfürstendamm en miniature›! Am Anfang stand eine hohe, verschneite, mit Kerzen geschmückte Fichte. Über die Straße schwangen sich Tannengirlanden. Alle Schaufenster zeigten weihnachtliche Dekorationen, und ihr Lichtschein fiel unterschiedlich hell auf die winterliche Straße. Auf dem Schnee bildeten sich Lichtreflexe und schufen eine traute weihnachtliche Stimmung. Wir schlenderten zum Münzplatz, der teils vom Schloss begrenzt ist. Am wuchtigen Haberturm vorbei betraten wir durch das Albrechtstor den großen Innenhof der Schlossanlage. Gegenüber lag das Lokal.

Wir wurden schon erwartet, von meiner Schwiegermutter in spe gar etwas ungeduldig. Am Tisch saßen bereits meine Eltern. Mutter hatte sich in ihr Schwarzseidenes gezwängt, das hier und da spannte. Eine dicke Bernsteinkette kaschierte dies etwas. Vater trug seinen Bratenrock, und bei ihm spannte sich die Weste. Die goldene Uhrkette betonte die Rundung eher als sie diese versteckte. Die Tische waren weihnachtlich geschmückt. An den Wänden aufgereiht lagen alte, dunkle, reich mit Schnitzereien verzierte Weinfässer. Gleichfalls alte, dunkle Koggen hingen von der Decke. Stühle, Bänke, Schränke und Tische, alles alt und mit Ornamenten versehen. Das Interieur schuf ein vornehmes, ehrwürdiges Ambiente. Vater erschien mir etwas beklommen ob der Atmosphäre, dachte wohl an seine Stammkneipe gegenüber der Schmiede. Doch die Weinchen vertrieben bald seine Gemütsregung. Mutter mahnte wohlweislich, er solle nicht so viel trinken, womöglich sich gar betrinken. Unwirsch wehrte er ab und meinte, diese Limonade würde ihn doch wohl nicht aus den Schlorren kippen. Über diese Bemerkung belustigt, animierte meine Schwiegermutter in spe Vater, indem sie mit ihm immer wieder anstieß und auf alles Mögliche trank. Auch ich wurde besorgt. Gewiss, Vater vertrug schon 'nen Stiebel. Wenn er aus seiner Schmiede in Holzpantinen zu seiner Kneipe hinüberging, um einen zu verlöten – wie er das nannte –, und das tagsüber mehrmals, so merkte man ihm davon nichts an. An seinem Amboss stand er wie eine Eins, und jeder Hammerschlag saß zielgenau. Seine Grenzen kannte er. Doch diesen ungewohnten Wein unterschätzte er wohl. Jedenfalls am Tisch wurde es immer lustiger. Auch mein künftiger Schwiegervater war kein Kostverächter und darüber hinaus sangesfreudig. Angeblich sang er im Kirchenchor, doch nun stimmte er das wahrhaftig nicht so fromme Lied an: Trinken wir noch ein Tröpfchen, trinken wir noch ein Tröpfchen aus dem kleinen Henkeltöpfchen ... Die gefüllten Gläser kreisten, erklangen, und immer fröhlicher wurde die Stimmung. Mittendrin blies Schwiegervater in spe zum Aufbruch. Ich sage blies und meine das auch so. Durch seine hohle Faust erklang ein Reitersignal. Er hatte bei der Kavallerie gedient und ließ das jeden wissen, manchmal auch sehen. Wie jetzt! Hüpfend und blasend ritt er zum Kellerausgang. Vater, nicht weniger unternehmungslustig, ergriff seinen Zylinder und marschierte hinterher. Seinen Militärdienst absolvierte er seinerzeit bei der Garde zu Fuß in Potsdam. Also marschierte er, grüßte rundum mit der Hand am Zylinderrand. Doch so zügig wie Schwiegervater in spe kam er nicht voran, und das lag nicht an einem fehlenden Pferd. Ein Weihnachtsbaum kam ihm in die Quere, legte sich mit diesem an, und lauthals beschwerte er sich darüber, dass dieser ‹Krät› in seiner Marschrichtung nichts zu suchen hätte. Ein Ober fand das auch, eilte herbei und verhinderte, dass Vater mit einem geschulterten Weihnachtsbaum schwankend, aber doch zielsicher zum Ausgang strebte. Julius, beschwichtigte Mutter besorgt, blamier uns nicht. Haltung!, ermahnte sie ihn. Vater war einsichtig, überließ den Baum der Obhut des Obers, grüßte diesen militärisch und erreichte unbeschadet den Treppenaufgang. Fröhlich gestimmt folgten wir. Schwiegervater in spe erwartete uns, wies auf die aufwärts führende Treppe und verkündete, dies Hindernis gilt es zu nehmen. Er trompetete zur Attacke. Ohne weitere Schwierigkeiten gelangten wir auf den Schlossplatz, sammelten uns. Doch was war mit Vater? Ihm hatte es die Beine weggeschlagen, und es würgte ihn. Der Luftwechsel!, ging's mir durch den Sinn. Schon eilte Mutter auf ihn zu, ergriff den am Boden liegenden Zylinder und hielt diesen Vater vor den Mund. Gerade noch rechtzeitig, spontan füllte er ihn. Leicht indigniert meinte Schwiegermutter in spe, was nun? Indessen stellte Schwiegervater in spe amüsiert zur Lage fest, dass die Kavallerie doch standfester als die Garde sei. Nach seiner Erleichterung ging es Vater besser. Sich aufraffend, äußerte er sich geringschätzig, standfest waren bei euch doch bloß die Gäule! In weit von sich gestreckten Armen den Zylinder balancierend, forderte er: Mir nach! Die Garde marschiert! Wir, immer noch in aufgekratzter, weinseliger Laune, folgten ihm im Gänsemarsch. Vater schlug die Richtung zum Schlossteich ein. Schwiegervater in spe saß wieder ‹im Sattel› und intonierte blasend einen Reitermarsch. Mein nun offiziell Verlobter, angeregt durch das Beispiel der beiden, streckte beide Arme seitwärts von sich, und mit Motorengebrumm wollte er wohl abheben. Schwiegermutter in spe links, ich rechts sorgten jedoch mit Nachdruck für seine

Bodenhaftung. Horst leistete seinen Wehrdienst bei der Luftwaffe ab. Passanten betrachteten belustigt unseren Aufmarsch. Am Schlossteich angelangt, warf Vater seinen gefüllten Zylinder schwungvoll ins Wasser und wünschte den Fischen ein schmackhaftes Weihnachtsgericht. Das ergäbe dann Karpfen in Blau, ergänzte Schwiegervater in spe. Angeekelt bemerkte Schwiegermutter in spe: Igittigitt! Mutter beklagte bedauernd den ‹scheenen› Zylinderhut.

Meine zukünftigen Schwiegereltern wohnten ganz in der Nähe und bekamen die Idee, bei ihnen daheim den Zylinder zu begießen. Es wurde noch ein sehr fröhliches Weihnachten und der Zylinder wie die Verlobung reichlich begossen.

Hugo Knothe

Der Esel und der Schwan

Vor Jahren kam ein schon sehr grauer Esel zur Adventszeit vom Lande in die Stadt Oldenburg. Was staunte er, als er die mit vielen Lichtern so schön geschmückten Straßen sah. Die schönen Giebel der Häuser sahen, so beleuchtet, gegen den dunklen Abendhimmel noch schöner als bei Sonnenlicht aus. Er kam auch zu dem Platz am Hafen, auf dem eine sehr hohe Tanne stand, die, wohl mit über 500 Lichtern geschmückt, herrlich anzuschauen war. Gleich daneben, direkt am Wasser, befindet sich ein großes weißes Haus mit der sinnigen Aufschrift «Der Schwan».

Neugierig stapfte der Esel an die Fenster und sah in die beleuchteten Zimmer. Sehr schön war es drinnen, und er verspürte große Lust, dort einzukehren. Da er aber ein Esel war, traute er sich nicht, sich zu den Menschen zu setzen. Er dachte: «Vielleicht kommt einmal die Zeit, wo alle Menschen sich zu dem Teil ihrer Eselichkeit bekennen und dann die Türen für mich, den alten Esel, sich auch öffnen.»

Da kam Weihnachten mit Tannenduft und Heimlichkeiten, mit Festtagsessen und Bescherung bei Kerzenlicht und «O, du fröhliche …». Wieder kam der Esel am Abend nach Oldenburg. In den Straßen war es stiller geworden, und die vielen Lichter vermittelten ein zauberhaftes Bild von Festlichkeit.

Halb zog es und halb trieb es den Esel wieder zu der hohen Tanne auf dem Platz am Hafen. Er sah auch wieder durch die Fenster in die beleuchteten Zimmer des weißen Hauses mit der Aufschrift «Der Schwan».

Als er dabei zufrieden vor sich hin träumte, öffnete sich von dem Haus eine Tür, und ein freundlicher Herr bat ihn einzutreten und sein Gast zu sein. Der Esel verlor mit einem Mal all seine Scheu und folgte freudig der Einladung. Die Menschen vor den festlich gedeckten Tischen nickten ihm freundlich zu, als hätten sie ihn schon erwartet.

Der Herr führte ihn zu einem kleinen Ecktisch, von wo aus er durchs Fenster die hohe Tanne draußen gut sehen konnte, und setzte sich zu ihm. Auf dem Tisch brannte eine rote Kerze, die warmes Licht und Behaglichkeit verbreitete. Der Wirt der gastlichen Stätte servierte dem Herrn einen Hasenbraten mit Rotwein und dem Esel Grünkohl mit viel Grütze. Beiden mundete das Essen sehr gut. Der Esel fühlte sich ganz wie ein Mensch und war mit sich und der Welt vollauf zufrieden. Dem Herrn schien es ebenso zu gehen, und sie kamen bald miteinander ins Gespräch. Zum späten Abend hin fragte der Herr den Esel, ob er nicht Lust hätte, für immer ein Mensch zu sein. Natürlich wollte der Esel sogleich einwilligen. Doch der Herr hob warnend seine Hand und erklärte ihm, dass der Weg zur Menschwerdung lang und sehr beschwerlich sei und dass das Menschsein viel Kraft abverlange und oft auch das Tragen von viel Verantwortung. Gewiss, große Schaffenskraft und hohes Glücksempfinden wären der Lohn dafür. Doch er sollte es sich gut überlegen, ob das Dasein eines Esels nicht auch hoch einzuschätzende Eigenschaften in sich trüge. Nun wurde selbst der Esel sehr nachdenklich, und sie besprachen noch lange die Möglichkeit, statt ein Esel zu sein, ein Mensch zu werden. Dabei brannte die Kerze langsam herunter, bis sie ganz erlosch.

Der Esel erwachte mit einem Mal aus seinen Träumen, als ihn die helle Morgensonne durchs Stallfenster auf seinem frischen Strohlager beschien. Er sprang auf und fraß mit Behagen Heu und Hafer aus der Krippe. An die Möglichkeit, Mensch zu werden, dachte er nicht mehr und war froh, ein Esel zu sein.